LE RÉGIME
STARTER

Du même auteur, aux Éditions Albin Michel

Mincir sur mesure grâce à la Chrono-nutrition, 1999,
2005, 2012
Mincir en beauté grâce à la Morpho-nutrition, 2000, 2009
Vaincre le cholestérol grâce à la Chrono-nutrition, 2008
Mincir vite et rester mince, 2011

**En collaboration avec Guylène Neveu-Delabos,
aux Éditions Albin Michel**

Mincir gourmand spécial Chrono-nutrition, 2007
La Chrono-nutrition spécial Ramadan, 2007
*220 recettes rapides pour mincir vite
et rester mince*, 2011
*230 recettes gourmandes pour mincir
sur mesure*, 2000, 2012
210 recettes saveur pour mincir en beauté, 2012

Dr Alain Delabos

LE RÉGIME STARTER

Jusqu'à 8 kilos
en 4 semaines maxi

Albin Michel

Les termes « Chrono-nutrition », « Morpho-nutrition »
et « Chrono-régime » sont des marques déposées.

IREN'S
Institut de Recherche Européen sur la Nutrition et la Santé
21, rue Royale, 75008 Paris
3, rue de la Pie, 76000 Rouen
Téléphone : 02 35 73 09 23
http://irens.free.fr

École de Chrono-nutrition et de Morpho-nutrition
3, rue de la Pie, 76000 Rouen
Téléphone : 07 77 79 63 08
www.biochrono.net ou http://biochrono.free.fr

Pour postuler à l'apprentissage de la Chrono-nutrition
à l'école de Rouen : adelabos80@aol.com

**Pour être suivi et conseillé
par les spécialistes de la Chrono-nutrition :**
www.chono-coaching.fr
www.la-chrono-nutrition.com

Pour des raisons de lisibilité,
nous avons choisi d'écrire les marques déposées
avec une majuscule, sans les faire suivre du sigle ™.

---

1 petit bol chinois = 25 cl

1 verre = 15 cl

À Guylène,
fidèle compagne et précieuse collaboratrice,
avec toute ma tendresse.

Sommaire

Introduction

De la Chrono-nutrition
au Régime starter

Après avoir conçu pour vous la *Chrono-nutrition*, qui permet de perdre du poids sans risque de fatigue ni de carences, j'ai mis au point le *Régime starter*. Ce régime, car il faut bien l'appeler par son nom, peut vous faire mincir vite, très vite même, sans y laisser votre santé ni votre bonne humeur.

Mais toute entreprise demande un investissement. Et plus la détermination est grande, ce qui est sans doute votre cas, plus la discipline doit être rigoureuse.

Ne croyez donc pas qu'il vous suffira de claquer du doigt pour perdre un nombre impressionnant de kilos en l'espace d'un souffle et sans faire le moindre effort. Il vous faudra, pour parvenir à vos fins, m'obéir à la lettre et suivre au fil de votre lecture tout le programme contenu dans ce livre sans en omettre une virgule ! Je l'ai déjà écrit et je ne me renierai pas : « la *Chrono-nutrition* s'apprend, un régime se subit ».

Vous voilà donc prévenus : inutile de tenter un écart sous prétexte de convivialité, car ne seront totalement récompensés de leurs efforts que celles et ceux qui auront suivi sans défaillir le programme complet du *Régime starter*.

Et je peux vous le promettre, rien ne vous empêchera de réussir si vous acceptez de jouer la règle du jeu sans tricher. Peu importe en effet que vous soyez homme ou femme, grand ou petit, jeune ou moins jeune : votre âge, votre sexe, vos opinions politiques ou vos pratiques religieuses n'entreront pas en ligne de compte.

Cependant, n'ayez crainte : à la différence des régimes carentiels, le *Régime starter*, issu des règles de la *Chrono-nutrition*, ne risque en rien de provoquer les habituels effets secondaires consécutifs à des restrictions alimentaires parfois redoutables.

Il ne s'agit d'ailleurs pas de maigrir mais de mincir, c'est-à-dire de faire disparaître rapidement le gras et l'eau superflus, sans pour cela perdre de la masse musculaire, ni épuiser les réserves naturelles en vitamines de votre organisme.

Pour éviter un déséquilibre métabolique lié à la modification rapide de votre corps, il sera bon d'inclure dans votre programme, par sécurité, un complexe polyvitaminé, c'est-à-dire comportant des vitamines liposolubles et hydrosolubles en justes proportions des oligo-éléments, et des protéines rapidement assimilables à forte teneur en précurseur de la sérotonine. Nous y reviendrons en pages 22-23.

Votre programme sera ainsi parfaitement efficace, même si son strict respect obligera certains d'entre vous à un effort d'adaptation plus ou moins difficile selon les habitudes acquises.

En revanche, **il ne sera pas question de prolonger ce régime au-delà des quatre semaines programmées**. Car le poursuivre au-delà de cette durée dans le but de continuer à mincir, sans laisser à votre corps le temps de compenser une perte brutale de poids et de volume, vous exposerait à maigrir en puisant dans ses réserves profondes.

Il vous faudra donc redonner en temps utile à votre organisme la possibilité de préserver son équilibre poids/volume en lui permettant de faire à nouveau jouer la balance appétit/satiété. Et assurer ainsi la stabilisation de vos fonctions organiques, tout en préservant la possibilité de continuer à mincir sur un rythme de croisière, jusqu'à stabilisation définitive de vos formes et de votre poids si votre corps n'a pas encore atteint sa silhouette idéale. Ce que vous obtiendrez sans peine en passant tout simplement du *Régime starter* à la *Chrono-nutrition* (cf. *Mincir sur mesure grâce à la Chrono-nutrition*). Et ce que je vous expliquerai après vous avoir révélé comment suivre avec succès votre *Régime starter*.

Rien ne vous empêchera d'ailleurs de livrer à nouveau votre corps aux joies de quatre semaines en chute libre (mais bien entendu sous contrôle !), à condition toutefois de respecter entre chaque *Régime starter* une période d'au moins deux mois.

La différence entre le *Régime starter* et la *Chrono-nutrition* est que celle-ci n'est pas un régime mais l'organisation de l'alimentation en fonction des besoins normaux de l'organisme. Le *Régime starter* est différent en plusieurs points.

• Le *Régime starter* apporte à l'organisme uniquement la nutrition correspondant à ses besoins vitaux ; ceci expliquant pourquoi il faudra compléter ce régime par deux compléments alimentaires.

• Le *Régime starter* calibre cette nutrition en catégories alimentaires différentes, semaine après semaine, pour obliger l'organisme à modifier son stockage et à puiser toutes les semaines dans ses réserves... Il vous apprend en même temps à étendre votre palette alimentaire en vous montrant les variations culinaires auxquelles on peut se livrer quand on est confronté à un choix volontairement limité. Car la plupart d'entre vous, surtout quand vous souhaitez mincir, réduisent volontairement la variété de leurs aliments pour les limiter à ce qu'ils pensent le strict nécessaire, oubliant que si, comme l'a dit l'écrivain Antoine Houdar de La Motte (1823-1891), « l'ennui naquit un jour de l'uniformité »... l'obésité aussi !

• Le *Régime starter* retire quelques éléments habituels de votre alimentation afin de permettre à votre organisme de modifier certains éléments de ses stocks de graisses.

En insérant dans votre régime un des principaux éléments du régime méditerranéen, l'huile d'olive, on modifie la qualité de vos apports en acides gras. Car, contrairement au beurre, l'huile d'olive ne contient pas d'acide butirique, lequel est parfois difficilement assimilé ; en le remplaçant par de l'huile d'olive, on va ainsi faciliter les transferts.

À la découverte du *Régime starter*

L e *Régime starter* a pour objectif essentiel de vous débarrasser des excès d'eau et de graisse qui encombrent votre organisme, sans pour autant vous faire perdre votre masse musculaire, indispensable à l'équilibre de votre santé autant qu'à celui de votre silhouette.

Conçu et programmé pour vous faire mincir rapidement et adapté à vos besoins personnels en fonction de vos propres paramètres corporels, ce régime vous permettra de vous nourrir chaque jour correctement, tant en quantité qu'en qualité.

Votre volume diminuera régulièrement en même temps que votre poids, ce que vous pourrez vérifier sur une balance à impédancemétrie[1] en constatant que votre corps s'allège et perd très rapidement son excès d'eau en même temps que vos cellules adipeuses diminuent de volume. Celles-ci ont en effet la capacité de gonfler comme des éponges, permettant à l'organisme d'y stocker une grande partie de ses réserves d'eau. La réduction du nombre et du volume de vos cellules graisseuses s'accompagnera donc, pour votre plus grand bonheur, de l'élimination de toute l'eau qu'elles renferment en grande quantité. Cette élimination se fera à des rythmes différents selon que cette eau était logée dans la paroi abdominale, stockée dans la culotte de cheval, ou douloureusement stagnante dans les chevilles, les jambes, les cuisses ou les bras. C'est en effet, en dernier ressort, dans la racine des membres supérieurs que vient se loger l'eau quand elle n'a plus assez de place pour se stocker ailleurs, la progressivité de cette répartition expliquant pourquoi on ne peut tout perdre à la fois.

---

1. Il s'agit d'une balance spéciale munie d'électrodes (on la trouve dans le commerce) qui permet d'évaluer les trois grandes composantes du corps : la masse maigre (squelette, muscles, organes), la masse grasse et l'eau. La pression des pieds sur les électrodes envoie un courant de très faible intensité et de très haute fréquence, qui traverse tout le corps pour ensuite être analysé. La masse maigre étant très conductrice, contrairement à la masse grasse, on peut ainsi évaluer la part de chacune.

impédancemètre

Vous ne perdrez donc pas obligatoirement vos kilos et vos centimètres superflus au même moment ni au même rythme. Mais cela ne vous empêchera pas de vous en débarrasser progressivement dans leur totalité si vous suivez à la lettre votre *Régime starter*.

La chrono-biologie, base de la Chrono-nutrition

Le *Régime starter* est dérivé directement des principes de la *Chrono-nutrition* que j'ai enseignée à la faculté de Dijon à partir de 2001 et jusqu'à l'âge où cette vénérable institution m'a jugé à 65 ans trop vieux pour continuer à dispenser mon savoir et mon expérience, dans le cadre du Diplôme universitaire de Nutraceutique placé sous la direction du professeur Jean-Robert Rapin.

Et la *Chrono-nutrition* appuie elle-même ses principes sur la **chrono-biologie**, qui est l'étude des rythmes biologiques auxquels sont soumis les êtres vivants.

En effet, les rythmes biologiques sont une des caractéristiques de la vie, qu'elle soit végétale, animale ou humaine. La plupart des organismes vivants sont soumis à des variations journalières et saisonnières. Chez l'homme, le rythme de base est circadien – du latin *circa*, environ, et *dies*, jour : il correspond à l'adaptation de l'homme à un environnement en fonction de la rotation de la Terre et de la succession jour/nuit. Il est d'une durée comprise entre 20 et 28 heures, avec pour les femmes un rythme « circamensuel » lié aux menstruations.

C'est vrai pour l'organisme, mais également pour chaque fonction et pour chaque cellule prise isolément.

Toute activité nécessitant beaucoup d'énergie, chaque cellule est programmée dans le temps et effectue chacune de ses fonctions dans une tranche horaire précise.

Il existe plusieurs horloges biologiques remises à l'heure grâce à l'intervention de synchroniseurs externes comme l'alternance lumière/

obscurité, mais aussi d'éléments de la vie sociale comme la prise des repas à heures fixes.

Exemple classique : les hormones. Le fameux 5 à 7 heures (heures solaires) correspond au pic de sécrétion des hormones sexuelles de la femme, alors que pour la testostérone de l'homme, ce pic se produit 2 à 3 heures plus tôt. La nature est bien faite ! L'hormone de croissance, elle, a un pic au milieu de la nuit : on grandit en dormant.

Ces exemples montrent la complexité du système ; complexité qui peut augmenter avec la prise de nourriture. En gardant l'hormone de croissance comme exemple, les acides gras et les glucides diminuent sa libération alors que certains acides aminés la stimulent. Un enfant en pleine croissance qui mangerait en excès des glucides et des lipides le soir ralentirait sa croissance. Au contraire, ne pas manger le soir stimule l'hormone, ce qui est souhaitable pour la reconstitution des tissus et ce, pendant toute la vie, y compris chez les personnes âgées.

Pour résumer très schématiquement les principes de la *Chrono-nutrition* : il faut et il suffit de consommer...

Les bons aliments...

Tous les aliments sont bons, pourvu qu'ils soient naturels, bien préparés et agréables à consommer. À part le lait, les yaourts et tous les laitages contenant du lactose – réservés aux enfants –, on n'exclura aucun aliment, sauf en cas de troubles métaboliques nécessitant des restrictions ou des majorations adaptées à chaque cas.

au bon moment...

Celui-ci sera déterminé en appliquant au quotidien les découvertes récentes sur la chrono-biologie. Celles-ci permettent en effet de définir très précisément comment répartir les besoins quotidiens qualitatifs de l'organisme en suivant la règle très simple :

– **Gras le matin.** Le petit déjeuner, à juste titre, doit être copieux et riche en acides gras et en glucides lents. Le pain apporte les fibres, l'utilisation de pain complet en apportera le maximum.

– Dense à midi. Le déjeuner comprend les protéines animales ou autres associées à des glucides et des fibres.

– Sucré en fin d'après-midi. La collation de l'après-midi, ou coupe-faim, est discrète mais suffisante pour nous faire patienter si l'on n'a pas suffisamment mangé le matin ou à midi. Ce goûter n'est pas seulement un coupe-faim, il est défatigant et, si l'on veille à y incorporer les aliments que nous conseillons, il aura en prime un effet de détente permettant de terminer la journée en douceur.

– Léger le soir, si l'on a encore faim. Le repas du soir est léger et comporte peu d'aliments caloriques.

... et dans la bonne quantité

La quantité dépendra essentiellement des paramètres de vie de chacun : activité physique, activité intellectuelle et stature.

Suivie depuis près de vingt ans par un nombre de plus en plus important de personnes (plusieurs centaines de milliers à l'heure où j'écris ce livre), la *Chrono-nutrition* est destinée à corriger les excès ou les carences alimentaires responsables des anomalies de volume et de poids.

Elle servira donc à corriger aussi bien la maigreur que le surpoids pour atteindre et garder une silhouette parfaite. Ce qui la différencie de tous les régimes et notamment du *Régime starter* dont elle devra être la suite logique si l'on veut accéder définitivement à la perfection corporelle.

La base de la *Chrono-nutrition* s'exprimera en pratique de la manière suivante :

– On chasse la graisse en mangeant gras le matin

Donc du fromage, auquel on ajoutera du pain et du beurre pour apporter une part de sucres lents et des acides gras très particuliers ;

– On protège les muscles en mangeant dense le midi

Donc de la viande, à laquelle on ajoutera des féculents pour compléter l'apport de protéines par des sucres lents ;

– On chasse l'eau en mangeant sucré au goûter
Donc des fruits, auxquels on ajoutera un gras végétal pour jouer le
rôle de coupe-faim ;
– On préserve le sommeil en mangeant léger le soir
Donc du poisson, auquel on ajoutera des légumes pour compléter
l'apport de fibres dans l'alimentation quotidienne.

J'imagine déjà que ceux et celles d'entre vous qui ne m'ont jamais
lu ont sursauté en lisant qu'il faut manger gras le matin pour éliminer son surplus de graisse.

Contrairement à ce qu'ils ont pu penser, il ne s'agit pas d'une
erreur mais d'une vérité première nous ayant permis, notamment. de
découvrir pourquoi la diététique ne parvenait pas à maîtriser les
hypercholestérolémies majeures.

Savez-vous comment on maîtrise le diabète insipide qui pousse à
boire jusqu'à 6 litres d'eau par jour ? En prescrivant tout simplement
un diurétique, qui va déclencher la sécrétion de l'hormone antidiu-
rétique. Et comment on calme une thyroïde nodulaire ? Allez ! Vous
l'avez deviné : en donnant des extraits thyroïdiens, ce qui met la glande
au repos.

Encore un exemple pour le plaisir : comment soigne-t-on un pancréas exocrine qui sécrète trop ? En prenant des extraits pancréa-
tiques pour, là encore, mettre l'organe en sommeil.

La particularité dans chaque cas est de donner le médicament au
moment qui convient, c'est-à-dire au moment où l'organe concerné
en a besoin. Le médicament se substitue alors aux sécrétions organiques et joue ainsi un rôle apaisant des systèmes de stimulations
hormonales.

Comme l'a dit le grand chimiste Lavoisier : « Toute action appelle
une réaction », ce qui est tout aussi valable en biochimie... Et merci
encore à mon ami pharmacologue le professeur Rapin pour m'avoir
suivi sur cette voie !

Mais la biochimie moderne a succédé à la chimie organique en introduisant la notion de chronologie dans les réactions chimiques permettant la métabolisation des éléments ingérés. Dans les exemples énumérés ci-dessus, il ne suffira pas de doser correctement les traitements cités, il faudra les prescrire au moment propice selon la pathologie concernée.

Suivant le même principe, il conviendra donc de prendre les aliments très gras le matin... Mais pas n'importe lesquels. La grande mode des oméga 3 pris le matin, sous forme de gélules ou de comprimés, étant une erreur dangereuse, car il est scientifiquement prouvé que dans les premières heures de son activité quotidienne, l'organisme a besoin de se réapprovisionner essentiellement en acides gras saturés (beurre, fromage), afin de stocker les éléments nécessaires à la fabrication de ses parois cellulaires, comme je l'ai longuement expliqué dans *Mincir sur mesure grâce à la chrono-nutrition*. Les céréales préparées sont donc à proscrire, tout comme l'association sucre/gras, particulièrement redoutable à ce moment de la journée.

Nous allons vous aider

Comme vous allez le constater, et malgré le résumé schématique qui précède, tout n'est pas aussi simple qu'on pourrait le croire quand il s'agit de bien manger.

Mais rassurez-vous, pour vous éviter un casse-tête permanent et la crainte de ne pas suivre un programme correct, vous trouverez dans les chapitres qui suivent toutes les instructions vous permettant d'établir « à la carte », suivant vos besoins et vos goûts personnels, la liste de tous vos repas pour les quatre semaines à venir.

Les conditions de votre réussite seront donc :
– de noter préalablement sur chaque page de votre programme personnel les quantités correctes de tous vos aliments, en veillant à

ne pas vous tromper ; à cet effet, nous avons préparé des fiches journalières que vous pourrez photocopier et remplir ;
– de choisir vos aliments préférés dans la liste des plats préparée à votre intention.

– et enfin, de ne pas vous séparer de votre livre qui vous servira chaque jour de guide, pour des choix alimentaires judicieux.

Le programme
du *Régime starter*

Hormis certains problèmes de santé (sur lesquels nous reviendrons) nécessitant un aménagement particulier du *Régime starter* ou l'interdisant totalement, le schéma de base est le même pour tout le monde.

En revanche, la structure corporelle de chacun, qu'on peut comparer de façon très simpliste au châssis d'une automobile, s'évalue principalement en fonction de sa **taille** (sa hauteur) en centimètres.

Cette dernière sera donc votre paramètre personnel constant vous permettant de déterminer les rations alimentaires nécessaires à vos quatre repas quotidiens.

À ce paramètre s'ajoutera une variable : vos activités physiques. La fréquence et l'intensité de celles-ci nécessiteront éventuellement l'ajout ponctuel et intermittent d'un apport complémentaire d'énergie. Ceci afin d'éviter un amaigrissement par fonte musculaire, aussi inesthétique que dangereux pour votre santé. Car il faut nourrir vos muscles. Ce qui aura en plus l'avantage de chasser les capitons de gras en les laminant par un effet de massage interne.

Mais le plus important pour la réussite de votre *Régime starter* tiendra essentiellement dans les proportions de vos aliments.

Il faudra bien évidemment les respecter scrupuleusement à chaque repas, même si, dans les premiers jours, le fait de manger très différemment bouleverse profondément vos habitudes. Vous pourrez d'ailleurs vous consoler en prenant conscience que ces habitudes étaient mauvaises, donc responsables de votre prise de poids et de volume, et par conséquent à bannir.

Les quantités seront en effet programmées au plus juste afin de vous amener à perdre comme promis un volume et un poids importants en quelques semaines, ce qui vous obligera à beaucoup de vigilance lors des intervalles séparant vos repas.

Nous verrons plus loin comment résoudre le problème d'éventuelles fringales, à ne pas confondre avec de coupables envies génératrices des pires bêtises.

Reste le problème des goûts... et des dégoûts qui, comme les couleurs et comme chacun sait, ne se discutent pas. Vous pourrez également en tenir compte, sans pour cela modifier votre programme nutritionnel et vous autoriser n'importe quoi sous prétexte de plus grand confort alimentaire.

Afin d'éviter les dérapages et de vous garantir le choix vous paraissant le meilleur, vous trouverez plus loin des propositions de menus ou de plats dans lesquelles vous pourrez, je l'espère, trouver matière à satisfaire vos goûts sans trop d'efforts.

N'oubliez pas que vous avez acheté ce livre pour apprendre à perdre rapidement du poids et du volume, cela impliquant de votre part autant de discipline librement consentie que de bonne volonté. Mais il n'est pas question de vous faire courir le moindre risque en réduisant exagérément vos apports nutritionnels indispensables. Nous avons donc prévu de prévenir des fringales liées à d'éventuelles carences... lesquelles n'ont rien à voir avec un excès d'appétit.

Nous avons ajouté à votre programme des compléments nutritionnels dans lesquels votre organisme va pouvoir puiser les éléments essentiels à son équilibre physiologique.

Le *Régime starter* demandera donc deux éléments complémentaires et indissociables :
• d'une part, les aliments assurant au quotidien votre équilibre physique et psychologique, réduits au strict nécessaire dont celui-ci a besoin chaque jour ;
• d'autre part, l'apport chaque jour de compléments alimentaires destinés à compenser la composition minimaliste de votre alimentation :

Le matin, au petit déjeuner

2 gélules d'un complexe polyvitaminé, comportant des vitamines liposolubles et hydrosolubles ainsi que des oligo-éléments en justes proportions.

En vente par correspondance, voir p. 194.

Juste avant le goûter, quelle que soit l'heure

1 barre de protéines ou 1 sachet de protéines rapidement assimilables, à forte teneur en tryptophane, précurseur de la sérotonine, et commercialisées sous forme de poudre parfumée à la vanille ou au chocolat, que l'on dilue dans un verre d'eau.

En vente par correspondance, voir p. 194.

On préviendra ainsi toute carence éventuellement provoquée par la restructuration rapide de votre corps, tout en vous débarrassant en quelques semaines de l'éventuel capiton adipeux accumulé disgracieusement sous la peau ainsi que des amas graisseux que vous pouvez avoir dangereusement stockés autour des organes et dans ceux-ci.

Mais les plus avertis d'entre vous savent que ce capiton sert en même temps de réservoir pour le stockage des vitamines liposolubles et, qu'en l'éliminant trop rapidement, on risque de provoquer la fuite de ces précieuses vitamines.

C'est la raison pour laquelle nous n'allons surtout pas ôter les sauces ni le gras de votre programme nutritionnel, à l'inverse des régimes les excluant systématiquement pour obtenir un amaigrissement rapide aux dépens de votre santé.

Grâce à la programmation de cet apport soigneusement dosé, vous pourrez mincir très rapidement sans risquer de déséquilibrer la physiologie nutritionnelle de votre organisme.

Vous avez donc bien compris qu'il faudra suivre à la lettre le programme qui va suivre et respecter à chaque repas les portions recommandées de chaque aliment pendant les quatre semaines de votre *Régime starter*.

Et que celui-ci ne devra pas être répété avant au moins deux mois écoulés, comme je vous l'ai déjà expliqué.

Les paramétrages

Ils sont de deux sortes. Il va falloir d'abord effectuer un **paramétrage quantitatif** de vos aliments, grâce à un référentiel personnel très simple que vous allez découvrir plus loin. Vient ensuite le **paramétrage qualitatif** de ceux-ci, en les choisissant dans une liste que vous pourrez consulter.

Ajoutons enfin un **paramétrage de sécurité**, qui concerne les complémentations alimentaires souhaitables à votre *Régime starter*.

Le paramétrage quantitatif

Pour vous simplifier la vie et vous éviter de savants calculs générateurs d'erreurs responsables d'échecs, nous allons nous servir d'un paramètre connu de chacun et chacune : **sa taille en centimètres**.

C'est en effet le seul outil de référence dont vous aurez besoin pour définir les proportions correctes de chaque aliment composant chacun de vos repas, ce qui va vous faciliter le travail pour mettre en place votre *Régime starter*.

Votre taille vous servira de façon précise à calculer les quantités de chaque aliment qui vous sont propres à chaque repas, et vous permettra de déterminer sans erreur un *Régime starter* personnel.

Pour vous aider à les mémoriser sans erreurs possibles, vous allez d'abord noter ces quantités sur le tableau suivant, puis les reporter sur chacun des repas composant vos quatre semaines de *Régime starter*.

Attention ! La valeur de base indispensable est votre taille en centimètres mesurée à la fin de votre croissance.

En effet, dès l'âge de 30 ans, la silhouette commence à se tasser et vous allez perdre progressivement de la hauteur ! Mais cela ne concernera que votre structure osseuse et pas le reste de votre corps dont les besoins nutritionnels resteront les mêmes.

Ce qui sous-entend d'ailleurs que votre ration alimentaire quotidienne ne doit être diminuée tout au long de votre vie qu'en fonction de votre activité.

En effet, quel que soit votre âge, une fois votre croissance terminée, les paramètres quantitatifs du *Régime starter* resteront les mêmes, quand bien même vous deviendriez grabataire. Car ce sont les quantités de survie de votre organisme et à ce titre elles ne doivent pas être diminuées.

Votre hauteur en centimètres
lorsque vous aviez entre 20 et 30 ans :

.... cm

Il vous suffira ensuite de vous servir de celle-ci pour définir très exactement, en grammes, chacune des quantités de tous les aliments nécessaires à l'apport correct d'énergie pour chacun de vos repas.

Le paramétrage qualitatif

Passez maintenant au paramétrage qualitatif, nettement plus amusant à mettre au point car il vous permettra de donner libre cours à vos goûts... dans la limite cependant des listes établies pour vous.

Il ne faut pas que ces quatre semaines de discipline tournent à l'insupportable cauchemar et vous poussent à interrompre prématurément votre programme.

Vous trouverez **au début de chaque semaine** la liste des aliments conseillés et des suggestions vous permettant de constituer vous-même à l'avance chacun des 28 repas qui la composent.

Ainsi, vous allez pouvoir gérer vous-même l'aspect qualitatif de votre alimentation, semaine après semaine, tout au long de votre *Régime starter*. Et vous éviterez en même temps de déraper par lassitude... Pas de nutrition buissonnière !

Comme je vous l'ai déjà annoncé, il va être utile d'ajouter une sorte de « paramétrage de sécurité » par l'apport quotidien d'éléments nutritionnels et vitaminés complémentaires. Ceux-ci seront destinés :

– d'une part, à compenser la perte rapide de tissu graisseux contenant certaines vitamines ;
– d'autre part, à empêcher l'organisme d'aller puiser des provisions dans les masses musculaires pour compenser cette perte.

Le paramétrage de sécurité

Il est très simple : il faut et il suffit de prendre chaque jour, et pendant les quatre semaines que durera votre *Régime starter* :

Le matin, au petit déjeuner
1 gélule de complexe polyvitaminé, c'est-à-dire comportant des vitamines liposolubles et hydrosolubles en justes proportions.
En pharmacie ou en vente par correspondance, voir p. 194.

Juste avant le goûter, quelle que soit l'heure
1 sachet ou 1 barre de protéines rapidement assimilables, à forte teneur en tryptophane, précurseur de la sérotonine, et commercialisées sous forme de poudre parfumée à la vanille ou au chocolat, que l'on dilue dans un verre d'eau.
En pharmacie ou en vente par correspondance, voir p. 194.

Comme vous pouvez le constater, cela ne vous compliquera pas l'existence et présentera l'avantage de vous procurer une sensation de bien-être, liée à votre perte de poids et de volume.

Tous les éléments de la réussite sont désormais en place. Votre programme vous attend un peu plus loin.
Mais peut-être pratiquez-vous une activité sportive régulière, ou avez-vous des horaires d'activité particuliers, des problèmes de métabolisme ou encore des goûts alimentaires très stricts.

Chaque cas nécessite un paramétrage particulier s'ajoutant à votre programme ou même le modifiant. Le complément interviendra sur le paramétrage quantitatif en modifiant les besoins nutritionnels de votre organisme ou sur le paramétrage qualitatif en nécessitant des restrictions sur la nature même des aliments.

Ces cas particuliers ne doivent pas être pris à la légère et vous devrez en connaître les contraintes afin d'éviter tout risque d'échec ou de danger dans le déroulement de votre *Régime starter*.

Un régime basé sur la *Chrono-nutrition*

Vous allez pouvoir consommer tous les aliments habituellement interdits par les régimes classiques... mais au bon moment de la journée. Car tout aliment est bénéfique s'il est consommé en fonction de l'horloge biologique du corps. Ses principes essentiels peuvent alors parvenir jusqu'à leur site d'action cellulaire, alors que le même aliment, pris à un autre moment, s'oriente vers une voie de stockage.

LE PETIT DÉJEUNER

> • Fromage
> • Huile d'olive
> • Pain
> • Boisson
>
> + 2 gélules d'un complexe polyvitaminé,
> comportant des vitamines liposolubles et hydrosolubles
> ainsi que des oligo-éléments (voir p. 194)

Les fondations de la journée

Le petit déjeuner doit vous permettre de commencer la journée en beauté. Il constitue la base nutritionnelle de la journée, destinée à donner à l'organisme les premiers éléments de sa reconstruction quotidienne.

Ne le négligez pas, car si vous sautez le premier repas de votre journée, vous fausserez la chrono-biologie de celle-ci et ne pourrez plus prétendre maîtriser votre poids et votre volume, ni gérer correctement votre santé. En outre, vous souffrirez d'une sensation de faim tout au long de la journée.

Le petit déjeuner comprendra des lipides car il faut **manger gras le matin**. Ce repas clé est nécessaire pour la fabrication de vos parois cellulaires qui sont faites essentiellement de lipides (matières grasses). Il vous permettra également d'éviter le fameux coup de pompe de l'avant-midi.

Le sucre rapide est un ennemi s'il est absorbé au petit déjeuner.
Oubliez donc les petits déjeuners sucrés et les fruits le matin. Et n'ayez pas peur de manquer de vitamine C, celle-ci est présente dans le pain en quantité suffisante pour démarrer vos activités quotidiennes.

Sachez aussi que le coup de pompe de la matinée vient en général d'un taux de sucre inférieur à la normale dans l'organisme : c'est l'hypoglycémie. Mais celle-ci n'est pas due à une carence d'apport en sucre rapide ; c'est au contraire l'abus de sucre rapide, à un moment où l'organisme a essentiellement besoin de lipides et de protéines, qui va déclencher une trop forte sécrétion d'insuline, laquelle va parfois faire chuter de façon spectaculaire le taux de sucre dans le sang et provoquer une sensation de malaise plus ou moins intense.

Commencer la journée par des confitures et des viennoiseries constitue donc une grossière erreur, mais en France les habitudes culturelles font que nous la répétons à l'infini. Pourtant, quand vous aurez passé quelques jours avec notre petit déjeuner, vous oublierez vite ces sucreries du matin.

Habituez-vous à commencer votre journée par des corps gras accompagnés de « bons sucres », c'est-à-dire de sucres lents comme le pain.

Car il faut des sucres lents avec ce gras pour lancer le moteur, et **il faut des protéines** pour commencer dès le matin à approvisionner en briques le corps qui dispose ainsi de son ciment. **Beurre et pain accompagneront donc le fromage sur la table de vos petits déjeuners.**

Le sucre, rappelons-le, est un carburant rapide et un merveilleux défatigant, pris au bon moment. Ainsi, dans l'après-midi, l'apparition d'une sécrétion d'insuline va faire chuter le taux de sucre dans le sang, provoquant de manière plus ou moins intense le « coup de pompe » ou la mauvaise humeur de la fin d'après-midi que vous éviterez grâce au goûter sucré.

En revanche, le matin, à l'heure du lever, même si parfois l'idée d'avoir à affronter la journée peut vous donner l'envie d'aller vous recoucher, il ne s'agit pas d'une fatigue liée à un manque de sucre rapide, mais de l'asthénie psychique du réveil traduisant une difficulté de mise en route.

Ayez le courage de passer au petit déjeuner que je vous propose et votre matinée sera plus agréable qu'elle ne l'a jamais été.

Vous réserverez les aliments sucrés pour d'autres moments de la journée, notamment, pour dissiper le coup de pompe ou la mauvaise humeur de fin d'après-midi.

■ Fromage

Votre taille en centimètres moins 100 g (par exemple, une personne de 1,70 m pourra prendre 70 g de fromage).

soit .... g

Tous les fromages sont bons et sont utiles. À pâte fleurie, pâte pressée, pâte persillée, pâte molle et croûte lavée... Choisissez-les en fonction de vos goûts et de vos envies, sans jamais vous préoccuper de savoir leur pourcentage en corps gras. Et ne confondez pas fromage avec laitage (yaourt, fromage blanc, petit-suisse... qui contiennent du galactose).

Si vous n'aimez pas le fromage
Remplacez-le par
– **1 œuf** (dur, mollet, sur le plat ou brouillé)
et
– .... g de **charcuterie** (saucisson, rillettes, pâtés de toute nature, andouille, mortadelle ou jambon fumé). Le poids sera égal au poids que vous auriez pris en fromage, soit votre taille en cm moins 100 g.

▉ Huile d'olive
1 cuil. à soupe pour tous.
À prendre sur le pain ou à la cuillère, selon vos goûts.

Je vous rappelle que les lipides (matières grasses) pris le matin sont en partie métabolisés comme apport d'énergie et en partie incorporés par les membranes. En revanche, pris le soir, ils sont stockés et inhibent l'hormone de croissance.

Une place à part est réservée aux poly-insaturés, comme certains poissons gras et l'huile de colza par exemple, qui permettent d'améliorer la fluidité, c'est-à-dire la souplesse des membranes, et qui sont incorporés le matin mais également le soir. Ils permettent une meilleure jonction, une meilleure communication entre les cellules. S'il s'agit de cellules nerveuses, ils amélioreront les processus de mémorisation (cas du poisson), ou diminueront le risque de crise migraineuse. Donc il vaudra mieux manger du poisson le soir si l'on a faim.

Si vous n'aimez pas l'huile d'olive
Remplacez-la tout simplement par 10 g de beurre. Sauf si vous êtes victime d'une hypercholestérolémie génétique, l'acide butyrique contenu dans le beurre étant alors particulièrement néfaste à votre organisme, même si l'acide myristique est quant à lui bénéfique. Il vous restera dans ce cas la solution d'augmenter la quantité de fromage de 10 g.

Cholestérol

Le corps a besoin de cholestérol pour se reconstruire, on le sait. Mais il ne se reconstruit pas au même rythme 24 heures sur 24, et c'est la grande découverte de la chrono-biologie nutritionnelle.

Dans les heures qui suivent le lever, le métabolisme du cholestérol est à son maximum d'activité.

Dans les 4 à 6 heures qui suivent, la demande en corps gras se reproduira, moins forte, tandis que celle en protéines sera à son point fort.

En fin d'après-midi ou de journée, il apparaît dans le sang un petit pic d'insuline. Les sucres en petite quantité seront les bienvenus, mais il sera trop tard pour charger son corps en lipides saturés et en protéines, à moins qu'on ne désire les stocker !

Raison pour laquelle le fromage est l'aliment privilégié du matin et fortement déconseillé le soir.

■ Pain

La moitié du poids de votre portion de fromage calculée en p. 29.

soit .... g

Renouez avec le bon pain, ce sucre lent indispensable. Contrairement aux sucres rapides trop vite brûlés au petit déjeuner par l'organisme, les sucres lents sont un carburant beaucoup mieux utilisé. Ils permettent la mise en place du métabolisme des graisses, que le feu de paille des sucres rapides ferait capoter.

Tous les pains sont bons pourvu qu'on n'y ait pas ajouté de sucres rapides. Attention aux biscottes et aux pains de mie qui contiennent des sucres ajoutés ; les pains industriels, grillés ou non, s'ils sont d'honnêtes pains sans rajouts intempestifs de glucose sont *a priori* consommables.

On se régalera en revanche de bon pain blanc croustillant, de pain de campagne, de pain au son, de pain aux céréales, de pain épis... et tant d'autres pains, y compris de pain aux noix si l'on a une envie de roquefort.

Si vous avez des difficultés de transit intestinal, renoncez au pain blanc et choisissez un pain riche en fibres : pain au son, aux céréales, complet...

Si vous n'aimez pas le pain

Vous pouvez le supprimer. Mais si vous ne lui substituez pas un autre végétal riche en protéines végétales et en sucres lents, vous risquez de mal gérer votre fin de matinée.

Vous le remplacerez donc par les mêmes féculents qu'au déjeuner du midi (riz, semoule, pâtes, légumes secs) et dans la même proportion que le midi. Mais surtout pas de sucres rapides (céréales préparées, biscottes, biscuits).

■ Boisson

Café, thé, tisane, eau plate ou pétillante... À volonté, sans lait, ni sucre, ni miel, ni édulcorant.

Redécouvrez le café et le thé !

Les meilleurs starters de votre mise en train seront le café et sa caféine, le thé et sa théine, mais ne vous contentez pas de ces boissons toniques, mangez !

En associant votre boisson à des corps gras utiles, des protéines animales, des protéines végétales et des sucres lents, vous prolongerez leur effet « coup de fouet ».

Oubliez le lait !

Pour les inconditionnels du lait, il est tentant d'ajouter... une goutte, dira l'avare, une larme, dira la femme triste, un soupçon, réclamera la femme jalouse, un nuage, demandera la rêveuse. Remplacez-le plutôt par une cuillerée à soupe de crème, ce sera nettement plus utile et surtout moins nocif pour le bon fonctionnement de votre organisme.

Le **lait est un faux ami**, il contient une importante proportion de **galactose**, sucre rapide totalement absent dans le fromage. Or, si l'on ajoute une forte quantité de glucose à un moment où l'organisme a besoin de lipides, ce surplus va gêner la métabolisation correcte des corps gras.

Refusez le sucre !

Le sucre rapide fait s'engager l'organisme dans une mauvaise voie métabolique car notre ordinateur personnel est paresseux : s'il a le choix entre une voie rapide et une voie lente, il choisit toujours d'aller au plus simple et de prendre le chemin le plus rapide... Il fonctionne alors en roue libre et laisse de côté son travail matinal de reconstruction en partenariat avec les sucres lents, pour sauter sur les sucres rapides qui sont immédiatement consommés, expliquant notre coup de fatigue de la matinée.

Que deviennent alors tous les lipides et toutes les protéines non utilisés ? Ils seront stockés impitoyablement, ce repas du matin venant alors s'ajouter au repas du soir pour augmenter les réserves et se placer à des endroits que vous ne souhaitez pas voir s'arrondir !

Bannissez les faux sucres et les édulcorants !

Il ne faut jamais tricher avec son corps si l'on veut définitivement se débarrasser de toute dépendance au glucose. Apprenez plutôt à mieux préparer le thé et le café, car si vous êtes obligé d'y rajouter du sucre, c'est sans doute parce que vous les faites beaucoup trop forts.

L'animal humain primitif ne connaissait pas le goût du glucose, sauf en de rares occasions dans le miel et, de façon saisonnière, dans les fruits.

Il suffit d'une semaine pour que vos papilles gustatives désapprennent cette notion civilisée et reviennent aux critères ancestraux du goût.

LE DÉJEUNER

> * Viande
> * Féculents
> * Boisson
>
> Pas d'entrée, pas de salade, pas de fromage,
> pas de dessert, pas de vin, pas de pain.

Consolidez la construction de votre journée

Le déjeuner va servir à terminer les cellules qu'on a commencé à construire le matin. L'organisme va l'utiliser pour rééquilibrer ses moyens de défense et permettre ainsi au corps d'achever sa reconstruction quotidienne.

Ce déjeuner sera court, mais solide et efficace. Ainsi il n'entraînera pas de somnolence ou de lourdeur comme peut le faire un repas trop copieux ou mal équilibré. Manger lourd (dense) sans manger trop ni mal implique d'abord de manger simplement.

Le déjeuner doit suffire à compléter les apports en énergie et en acides aminés du petit déjeuner, afin de permettre au corps de les stocker pour les utiliser dans la nuit jusqu'au lendemain matin, où tout sera à recommencer.

Aussi simple que nourrissant et aussi savoureux que simple, le déjeuner devra donc se composer de protéines animales et de féculents.

■ Viande

Votre taille en centimètres

soit .... g

Si vous n'aimez pas la viande

Remplacez-la par l'association suivante :

– .... g de **fromage** (dans la même quantité que le matin)

et

– .... g de **poisson** (en quantité égale à votre taille en cm)

Pour les protéines, le bon moment de la prise est plus difficile à déterminer. Consommées à midi, elles sont plus digestes et sont en partie utilisées comme source d'énergie, et en partie pour les synthèses cellulaires. Le soir, on préférera des protéines à chaînes plus courtes, mieux digérées. C'est le cas des protéines de poisson. À ce moment-là, les acides aminés libérés servent à la reconstitution des cellules.

Ceci vous explique pourquoi je conseille de manger toutes les viandes que vous voulez à midi et non le soir. Et, inversement, je conseille d'éviter le poisson à midi car il est trop vite digéré.

■ Féculents

Selon votre taille :

1 cuil. à soupe pour 150 cm ou moins

2 cuil. à soupe pour 160 cm

3 cuil. à soupe pour 170 cm

4 cuil. à soupe pour 180 cm

5 cuil. à soupe pour 190 cm et plus

Si vous n'aimez pas les féculents

Remplacez-les par l'association suivante :

.... cuil. à soupe de légumes (même quantité que celle des féculents, ci-dessus)

et

augmentez votre part de viande de **10 g**

Comment reconnaître un féculent ?

Considérez comme féculents tous les végétaux susceptibles de produire de la farine :

– pommes de terre (à l'eau, au four, en purée, frites...) ;

– riz (blanc, complet...) ;

– pâtes (fraîches et sèches) ;
– semoules (de blé, couscous, de maïs...) ;
– légumes secs (lentilles, flageolets, haricots cocos, haricots soissons, haricots rouges, pois cassés, pois chiches...) ;
– légumes frais (petits pois, fèves fraîches...).

On les cuisinera comme on voudra, en respectant bien la règle d'or : **J'augmente la part de viande si j'ai faim, jamais la part de féculents**.
La viande sera le carburant utilisé à la mesure du besoin d'énergie, les féculents restant le carburant dont il ne faut pas abuser sous peine de stockage.
On pourra les manger de toutes les manières et à toutes les sauces pourvu qu'on ne dépasse pas les quantités recommandées en cuillerées à soupe.

LE GOÛTER

Juste avant le goûter : 1 barre de protéines
ou 1 sachet de protéines
(voir p. 194)

• Gras végétaux
• Fruits et dérivés sucrés
• Boisson

La clé de voûte de votre journée
Ah ! Ce goûter ! Il est la deuxième clé du succès, après le petit déjeuner, si vous savez le prendre au bon moment.

Troisième repas de la journée, relaxant, défatigant et généralement point d'orgue des fins d'après-midi actives, le goûter est un paisible moment de détente et de remise en forme. Les enfants ne s'y trompent pas...

Il comporte, comme tous les autres repas, des protéines, des corps gras, des sucres et des fibres. Mais il sera cette fois **tout végétal**, ce qui exclut *a priori* toutes graisses et toutes protéines animales (beurre, crème et lait), donc tous les aliments qui en contiennent, qu'il s'agisse de biscuits, viennoiseries et crèmes en tous genres.

Jamais non plus de yaourts, ni pain + beurre ou fromage, ni rillettes et autres aliments riches en protéines et graisses animales. Cela exclura donc les pâtes à tartiner et autres crèmes desserts cachant soigneusement sous d'aimables dehors sucrés une importante proportion de graisses animales.

C'est le goûter qui doit satisfaire l'apport en énergie quotidienne dont ont besoin nos organes fatigués par le travail accompli depuis le réveil.

Ce goûter est donc **incontournable**, quelle que soit l'heure à laquelle on le prend. C'est un repas à part entière.

Quelle est la composition idéale du goûter ?

Pour qu'un goûter atteigne son double but, apaiser et défatiguer, on va associer :
– **les gras végétaux** (chocolat, amandes, noisettes, olives, avocat...) apaisants et dont le pouvoir coupe-faim bien connu va prévenir un excès d'appétit le soir ;
– **les fruits et leurs dérivés sucrés**, dont l'action tonique et défatigante va nous permettre de terminer la journée sans qu'un manque d'efficacité en gâche les dernières heures d'activité.

Le goûter permettra entre autres avantages de contrecarrer d'intempestives fringales nocturnes comme les grignotages devant la télé ou au cinéma, mais son rôle essentiel étant de calmer un retour physiologique et tout à fait naturel de l'appétit, il ne faudra surtout pas en ritualiser l'heure, ce qui lui ôterait son but essentiel de coupe-faim.

Il vous faudra également obéir scrupuleusement à deux règles :

- ***Ne jamais sauter le goûter***
- ***Attendre d'avoir faim pour goûter***

Précision importante, le goûter est le même pour tout le monde. La variable de ce goûter n'est pas sa quantité mais le moment où on le prendra. C'est là une des conditions indispensables de la réussite dans votre démarche vers un rééquilibrage correct de votre alimentation et malheureusement la plus fréquemment ignorée.

Dans trois cas d'échecs sur quatre, le goûter est en cause : pris trop tôt, ou incomplètement, ou pire encore superbement ignoré.

■ Gras végétaux

2 cuil. à soupe (ou équivalent) de gras végétal choisi dans la liste proposée chaque semaine.

Le **chocolat** est le gras végétal idéal. Le choisir toujours noir, le plus noir possible (minimum 52 % de cacao). Il en faut en moyenne **30 g** pour qu'il puisse bien jouer son rôle, et on peut le préférer agrémenté de graines (amandes ou noisettes) ou de fruits (souvent raisins secs). **On évitera le chocolat contenant du gras animal**, ce qui exclut totalement les chocolats belges, hollandais ou suisses dits « de fantaisie ».

En ajoutant des graines, on ajoute un gras végétal et, en incluant des fruits, on ajoute du sucre, ce qui reste donc dans la composition souhaitable d'un goûter bien équilibré.

■ Fruits et dérivés sucrés

1 bol de 25 cl de fruits frais, ou compote, ou salade de fruits ;
– ou 12,5 cl de fruits secs : dattes, figues, pruneaux, raisins, abricots... (mais pas les noix, noisettes... qui sont des gras végétaux) et tous les fruits tropicaux séchés qu'on voudra ;
– ou 12,5 cl de confiture ;

– ou 12,5 cl de confiserie (crème de marron, calissons d'Aix, loukoums...) ;
– ou 1 verre de jus de fruit frais.

On ne prendra le goûter qu'à partir du retour de l'appétit. Il vous faudra donc, éventuellement, le retarder. Vous pourrez même le prendre à la place du dîner, à condition que ce soit moins de 2 h avant l'endormissement. Le fait d'aller se coucher n'étant pas obligatoirement le signal du sommeil ! Mais ne vous faites pas d'illusions, vous aurez sans aucun doute toutes et tous faim au moment du dîner !

LE DÎNER

> • Poisson
> • Légumes
> • Boisson

Après une journée bien construite, le repas « ornement »
Il embellit la journée mais, comme je l'ai dit auparavant, **n'est en aucun cas obligatoire**. Vous le prendrez seulement si la faim vous vient en fin de journée, mais je suis sûr qu'ayant pris l'habitude de goûter, vous apprécierez une diète de temps en temps ou le « joker » d'un repas de fruits.

Il sera toujours plus riche en protéines animales qu'en végétaux, tout comme celui du midi est plus riche en protéines qu'en féculents, et son composant principal, parce que le plus utile, sera sans conteste le poisson ou les fruits de mer, en quantité dépendante de votre envie.

■ Poisson
Votre taille en centimètres
soit .... g

– ou fruits de mer
Votre taille en centimètres
soit .... g

– ou viande blanche
Votre taille en centimètres moins 60 g
soit .... g

Si vous n'aimez pas le poisson
Remplacez-le tous les soirs par
– .... g de viande blanche (quantité égale à 60 g de moins que
votre taille en centimètres).

Le soir, on préférera des protéines à chaînes plus courtes, mieux
digérées. C'est le cas des protéines de poisson. À ce moment-là,
les acides aminés libérés servent à la reconstitution des cellules.
Ceci vous explique pourquoi nous conseillons de manger toutes les
viandes que vous voudrez à midi et non le soir, sauf si vraiment
vous ne supportez pas le poisson.

Concernant les lipides (matières grasses) pris le soir, ils sont stockés et inhibent l'hormone de croissance. C'est pourquoi il faudra
éviter de manger trop gras. En revanche, les gras poly-insaturés
(comme certains poissons gras des mers froides ou l'huile de colza,
par exemple) permettent d'améliorer la fluidité, c'est-à-dire la souplesse des membranes. Ils permettent une meilleure jonction, une
meilleure communication entre les cellules. S'il s'agit de cellules
nerveuses, ils amélioreront les processus de mémorisation (cas du
poisson), ou diminueront le risque de crise migraineuse. Le poisson
est donc particulièrement recommandé le soir.

■ Légumes verts cuits
Suivant votre taille en centimètres
1 cuil. à soupe pour 150 cm et moins

2 cuil. à soupe pour 160 cm
3 cuil. à soupe pour 170 cm
4 cuil. à soupe pour 180 cm
5 cuil. à soupe pour 190 cm

Si vous n'aimez pas les légumes
Remplacez-les par
1 fruit de plus **au goûter**, mais ne le mangez surtout pas au dîner.

Théoriquement, les fibres peuvent être prises à n'importe quel moment de la journée, même en dehors des repas. Cependant, je conseille de ne pas en prendre trop le soir pour avoir un bon sommeil. **Voilà pourquoi les potages et les salades du soir ne sont pas indiqués, contrairement aux recommandations de la diététique classique.**

Vous aurez soigneusement noté chacune des quantités des différents aliments composant votre programme alimentaire.
Il ne vous reste plus qu'à les reporter sur chacune des pages où sont répertoriés les 112 repas que comportent vos quatre semaines de *Régime starter*.

La journée type personnelle
Inscrivez vos quantités, selon votre taille (hauteur)

SEMAINE 1

Le petit déjeuner
Consultez les quantités recommandées pour votre taille (hauteur) p. 29.
• ...... g de fromage au lait cru, à pâte fleurie : brie de Meaux, brillat-savarin, camembert, coulommiers, saint-félicien... ;
• ...... g de pain frais : le pain de campagne s'accorce bien avec ces fromages ;
• 1 cuil. à soupe d'huile d'olive ;
• boisson à volonté : thé, café, infusion, tisane, eau plate ou pétillante... sans lait, ni sucre, ni miel, ni édulcorant ;
• 2 gélules d'un complexe polyvitaminé (voir p. 194).

Le déjeuner
Consultez les quantités recommandées pour votre taille (hauteur) p. 34.
• ...... g de viande blanche (sauf le porc) : veau, lap n, volailles ;
• ...... cuil. à soupe de riz cuit.

Le goûter
À partir de 16 heures et aussi tard qu'on voudra, c'est le même pour tout le monde !
• **juste avant le goûter :** 1 sachet ou 1 barre de protéines (voir p. 194) ;
• **des gras végétaux :**
  – 30 g de chocolat noir : pur, aux noisettes, aux fruits, à la pâte d'amande ou autre fantaisie, du moment que c'est du chocolat noir ;
• **des fruits et dérivés sucrés :**
  – 2 grands verres (soit 50 cl) de jus de fruits naturel, garanti « 100 % pur jus pressé » : jus de poire, jus de pomme, jus de raisin, jus d'ananas, jus d'orange, jus de pamplemousse, cocktail de fruits...

Le dîner

Consultez les quantités recommandées pour votre taille (hauteur) p. 39.
• ...... g de poisson gras : saumon, sardine, lotte, maquereau, hareng, thon, espadon... ;
• ...... cuil. à soupe de légumes verts à feuilles : chou vert, chou rouge, choucroute au genièvre, brocoli, endive, salade verte, épinards... toujours cuits en hiver, cuits ou crus en été, et qui peuvent être dans les ceux cas en vinaigrette.

Les boissons

À volonté : eau plate ou pétillante, thé, café, tisane sans lait ni sucre.
Aucune autre boisson, pas plus alcoolisée qu'artificielle.
Donc pas de vin, à l'exception bien sûr du repas joker.

1 repas joker par semaine (voir p. 60)

Pensez aussi que vous avez droit à un repas joker dans la semaine et que vous pourrez à ce moment-là laisser libre cours à vos envies... Tout est permis y compris entrée, dessert, apéritif et vin à table. Mais attention, cela ralentira votre perte de poids.

La journée type personnelle
Inscrivez vos quantités, selon votre taille (hauteur)

SEMAINE 2

Le petit déjeuner

Consultez les quantités recommandées pour votre taille (hauteur) p. 29.
• ...... g de fromage à pâte pressée non cuite : cantal jeune ou vieux, gouda, cheddar fermier ou laitier, mimolette jeune ou vieille, saint-nectaire, tomme d'Auvergne ou de Savoie, citeaux... ;
• ...... g de pain frais ;
• 1 cuil. à soupe d'huile d'olive ;
• boisson à volonté : thé, café, infusion, tisane, eau plate ou pétillante... sans lait, ni sucre, ni miel, ni édulcorant ;
• 2 gélules d'un complexe polyvitaminé (voir p. 194).

Le déjeuner

Consultez les quantités recommandées pour votre taille (hauteur) p. 34.
• ...... g de viande rouge : agneau, mouton, bœuf, cheval, canard, autruche, chevreuil, sanglier, bison... ;
• ...... cuil. à soupe de pâtes cuites : tagliatelles, spaghettis, nouilles soba au sarrasin...

Le goûter

À partir de 16 heures et aussi tard qu'on voudra, c'est le même pour tout le monde !
• **juste avant le goûter :** 1 barre de protéines ou 1 sachet de protéines (voir p. 194) ;
• **des gras végétaux :**
    – 2 cuil. à soupe de graines non salées, enrobées de sucre si on le désire (noix, amandes, noisettes, pignons, noix de cajou, noix de pécan, pistaches, cacahuètes...) ;
• **des fruits et dérivés sucrés :**
    – 2 grandes cuil. à soupe de fruits cuits : pomme cuite, mandarine confite, abricots rôtis, pamplemousse rôti, pêches au sirop, figues chaudes, compotes... ;

Le dîner

Consultez les quantités recommandées pour votre taille (hauteur) p. 39.

• ...... g de poisson maigre : cabillaud, lieu doré, merlan, raie, rouget, sole, truite, dorade ou daurade royale, rascasse, grenadier, barbue, saint-pierre... ;

• ...... cuil. à soupe de légumes verts à tiges : fenouil, céleri branche, asperge, poireau, et champignons : de Paris, cèpes, trompettes de la mort, pleurotes, girolles, morilles...

Les boissons

À volonté : eau plate ou pétillante, thé, café, tisane sans lait ni sucre. Aucune autre boisson, pas plus alcoolisée qu'artificielle. Donc pas de vin, à l'exception bien sûr du repas joker.

1 repas joker par semaine (voir p. 60)

Pensez aussi que vous avez droit à un repas joker dans la semaine et que vous pourrez à ce moment-là laisser libre cours à vos envies... Tout est permis y compris entrée, dessert, apéritif et vin à table. Mais attention, cela ralentira votre perte de poids.

La journée type personnelle
Inscrivez vos quantités, selon votre taille (hauteur)

SEMAINE 3

Le petit déjeuner
Consultez les quantités recommandées pour votre taille (hauteur) p. 29.
• ...... g de fromage à pâte persillée, de vache ou de brebis : fourme d'Ambert ou de Montbrison, bleu d'Auvergne, bleu de Gex, roquefort... ou fromage de chèvre : crottin de Chavignol, lingot ardéchois, roca-madour... ;
• ...... g de pain frais ;
• 1 cuil. à soupe d'huile d'olive ;
• boisson à volonté : thé, café, infusion, tisane, eau plate ou pétillante... sans lait, ni sucre, ni miel, ni édulcorant ;
• 2 gélules d'un complexe polyvitaminé (voir p. 194).

Le déjeuner
Consultez les quantités recommandées pour votre taille (hauteur) p. 34.
• ...... g de viande d'abats : boudin noir, andouillette, foie, rognons, langue, ris de veau, cœur... ;
– ou...... g de viande rouge braisée ;
• ...... cuil. à soupe de pommes de terre : en purée, sautées, vapeur, en robe des champs...

Le goûter
À partir de 16 heures et aussi tard qu'on voudra, c'est le même pour tout le monde !
• **juste avant le goûter :** 1 barre de protéines ou 1 sachet de protéines (voir p. 194) ;
• **des gras végétaux**
    – 2 cuil. à soupe d'olives ;
• **des fruits et dérivés sucrés :**
    – 1/2 petit bol chinois (soit 12,5 cl) de fruits secs : raisins, abricots, figues, dattes, pruneaux, fruits exotiques...

Le dîner

Consultez les quantités recommandées pour votre taille (hauteur) p. 39.
* ...... g de viande blanche : volaille, lapin ou veau... ;
* ...... cuil. à soupe de légumes fruits ou fleurs : tomate, poivron, auber-gine, concombre, courgette, artichaut, fond d'artichaut...

Les boissons

À volonté : eau plate ou pétillante, thé, café, tisane sans lait ni sucre.
Aucune autre boisson, pas plus alcoolisée qu'artificielle.
Donc pas de vin, à l'exception bien sûr du repas joker.

1 repas joker par semaine (voir p. 60)

Pensez aussi que vous avez droit à un repas joker dans la semaine et que vous pourrez à ce moment-là laisser libre cours à vos envies... Tout est permis y compris entrée, dessert, apéritif et vin à table. Mais attention, cela ralentira votre perte de poids.

La journée type personnelle
Inscrivez vos quantités, selon votre taille (hauteur)

SEMAINE 4

Le petit déjeuner
Consultez les quantités recommandées pour votre taille (hauteur) p. 29.
• ...... g de fromage à pâte molle et croûte lavée : époisses, munster, livarot, pont-l'évêque, rouy, maroilles, chambertin... ;
• ...... g de pain frais ;
• 1 cuil. à soupe d'huile d'olive ;
• boisson à volonté : thé, café, infusion, tisane, eau plate ou pétillante... sans lait, ni sucre, ni miel, ni édulcorant ;
• 2 gélules d'un complexe polyvitaminé (voir p. 194).

Le déjeuner
Consultez les quantités recommandées pour votre taille (hauteur) p. 34.
• ...... g de viande de porc : côtes de porc, filet mignon, jarret de porc... ;
• ...... cuil. à soupe de féculents frais : petits pois, flageolets, haricots blancs... ou féculents secs : fèves, lentilles, pois chiches, pois cassés...

Le goûter
À partir de 16 heures et aussi tard qu'on voudra, c'est le même pour tout le monde !
• **Juste avant le goûter :** 1 sachet ou 1 barre de protéines (voir p. 194) ;
• **des gras végétaux :** c'est la semaine des fantaisies !
  – 80 g de pâte d'amande ;
  – ou 100 g de crème de marron ;
  – ou 1/2 avocat vinaigrette ;
  – ou 1/2 avocat nature ;
  – ou 2 cuil. à soupe de noix caramélisées ;
  – ou 30 g de chocolat fondu ;
  – ou 30 g de cacahuètes enrobées de nougatine ;
• **des fruits et dérivés sucrés :**
  – 1 petit bol chinois (soit 25 cl) de fruits frais de saison ou d'importation (sauf la banane, réservée au sport) : orange, clémentine, pamplemousse, pomme, poire, fraise, fruits rouges, melon, mangue...

Le dîner

Consultez les quantités recommandées pour votre taille (hauteur) p. 39.

• ...... g de fruits de mer : crevettes, gambas, crabe, homard, langouste, oursins, coquillages, huîtres, moules, poulpe, calmar, noix de Saint-Jacques... ;

• ...... cuil. à soupe de légumes racines : radis, navet, carotte, salsifis, topinambour, céleri-rave...

Les boissons

À volonté : eau plate ou pétillante, thé, café, tisane sans lait ni sucre.
Aucune autre boisson, pas plus alcoolisée qu'artificielle.
Donc pas de vin, à l'exception bien sûr du repas joker.

1 repas joker par semaine (voir p. 60)

Pensez aussi que vous avez droit à un repas joker dans la semaine et que vous pourrez à ce moment-là laisser libre cours à vos envies... Tout est permis y compris entrée, dessert, apéritif et vin à table. Mais attention, cela ralentira votre perte de poids.

Les cas particuliers

Vous pratiquez habituellement une activité physique intense et/ou soutenue

Celle-ci nécessite un apport d'énergie complémentaire. Ce complément sera sans conteste fourni par **1 barre protéinée** ou **1 sachet de protéines lactées** à goût sucré ou **1 banane**, seul fruit offrant une des meilleures combinaisons énergie / volume / assimilation.

Il sera bien entendu nécessaire, d'une part, de respecter un moment très précis pour la prise utile de ces aliments très nourrissants, et, d'autre part, d'en manger la quantité nécessaire et suffisante requise pour soutenir votre effort.

Quel que soit l'aliment que vous choisirez, la quantité de celui-ci devra toujours être la même à chaque prise.

Pour un maximum d'efficacité énergisante et un risque nul de stockage, il vous suffira de respecter le protocole suivant :

Vous prendrez :
– au petit déjeuner, au déjeuner et au goûter (ou au dîner) : 1 gélule d'extrait de griffonia ;
– au moins 2 heures après un repas, avant 1 heure d'effort soutenu ou avant 1/2 heure d'effort violent : **1 sachet de protéines** ou **1 barre protéinée** ou **1 banane** (ou 2 bananes séchées).
N.B. : Il vous faudra, en même temps, boire suffisamment de liquide pour éviter de vous déshydrater, ce qui vous ferait courir le risque de vous sentir très vite fatigué et surtout victime de crampes. La meilleure des boissons étant le **thé** léger, sans sucre.

Vos journées de travail sont « hors normes »

Vous faites partie des gens très occupés, des personnes assujetties à des horaires d'activité variables, ou vous êtes tout simplement un ou une « couche-tard » :

• Ier cas : journée longue

Votre journée s'étire sans interruption d'un lever précoce à une soirée interminable. Vous êtes donc assujetti au régime de la **journée longue.**

Celle-ci peut être facilement compatible avec le *Régime starter*, en suivant les proportions définies par votre paramétrage, mais en y ajoutant un élément nutritionnel et apportant une petite modification chronologique à partir du goûter.

– Le petit déjeuner : dans l'heure qui suit le lever.

– Le déjeuner : 4 à 5 heures plus tard.

– Au retour de l'appétit, I barre de protéines ou I sachet de protéines riches en tryptophane (voir p. 194-195) dilué dans un verre d'eau.

– En début de soirée : le « gras végétal » que vous auriez pris au goûter (voir p. 36) et un grand verre d'eau.

– 2 ou 3 heures après : un dîner de poisson ou de fruits de mer ou encore de viande blanche, sans légumes.

– I heure avant le coucher : 2 fruits frais ou I bol de compote de fruits, sans oublier de boire un bon litre d'eau ou tisane ou infusion, dans la soirée, afin d'éviter une déshydratation qui serait responsable d'une constipation opiniâtre.

• 2e cas : horaires de travail variables

Vous avez des **horaires de travail variables** et votre problème est de régulariser le rythme de vos repas, que vous suiviez ou non le *Régime starter*.

Des horaires de travail variables consistent en général en une répartition par tranches de huit heures, découpées pour les besoins de l'industrie et totalement « déconnectées » du rythme de vie naturel. On parle alors de 2 × 8 ou de 3 × 8.

Si vous vivez au rythme des 2 × 8

Vous travaillez en deux périodes décalées dans la journée :

• soit très tôt le matin jusqu'en début d'après-midi :

Dans ce cas vous êtes obligés de vous lever avant 6 heures du matin, alors que votre organisme n'est pas encore prêt à métaboliser correctement les protéines lourdes et les gras saturés (fromage, beurre, charcuterie).

Rien n'est perdu. Vous allez procéder comme si vous alliez faire une heure de sport et manger tout simplement :

1 barre de protéines ou **1 sachet de protéines**, ou **1 banane** (ou 2 bananes séchées),

• soit du début de l'après-midi jusqu'à tard le soir :

Si vous pouvez prendre votre petit déjeuner le matin, au moins 4 heures avant le déjeuner, tout va bien, ne changez rien.

En revanche, si vous disposez de moins de 4 heures entre l'heure de votre lever et le repas du midi, il va vous falloir regrouper le premier et le deuxième repas en faisant une petite modification dans les quantités, et en veillant à manger dans l'ordre :

D'abord le fromage

Votre taille en centimètres

soit .... g

Ensuite la viande

Votre taille en centimètres **moins 50 g**

soit .... g

En dernier les féculents

1 cuil. à soupe de plus que votre part calculée pour le repas du midi

soit .... g

– **ou** du pain (votre part du matin + 10 g)

soit .... g

Si vous suivez le rythme des 3 × 8

Vous travaillez en deux périodes de jour et une de nuit, ce qui va simplement vous faire ajouter pour la nuit le même programme que celui des noctambules (voir le cas suivant).

• 3ᵉ cas : vous êtes noctambule

Vous vous levez en milieu de journée et vous couchez à l'aube. Vous avez donc choisi (ou vous êtes obligé) de vivre à contretemps et votre journée s'en trouve décalée.

Celle-ci n'apporte aucun changement si ce n'est le décalage de tous les repas, ce que font depuis des siècles les Espagnols, démarrant leurs journées au plus tôt vers dix heures du matin et les terminant largement après minuit.

Dans le cas le plus extrême, un noctambule se levant par exemple à midi et se couchant à 4 heures du matin prendra :
– son petit déjeuner à l'heure où tout le monde déjeune (autour de midi),
– puis son déjeuner à l'heure où la majorité dîne,
– son goûter à l'heure où l'on se couche, en général,
– et enfin son dîner quand les autres dorment !

Le problème dans ce cas de figure est le retentissement possible sur l'organisme d'un mode de vie où tout l'équilibre hormonal se trouve bousculé. Mais, fort heureusement, le corps possède de formidables régulateurs lui permettant en quelques jours de s'adapter à cette modification profonde de son rythme biologique.

La seule différence entre les diurnes et les noctambules étant, pour ces derniers, un visage au teint blafard d'aspect fort peu engageant après quelques mois de vie nocturne. Cet aspect lunaire est dû au manque de lumière solaire mais n'a, heureusement, pas de retentissement notable sur la santé.

Vous souffrez de troubles métaboliques

Qu'ils soient fonctionnels ou organiques, ces troubles sont sérieux et nécessitent toute votre attention pour les maîtriser parfaitement, que ce soit pendant une période de *Régime starter* ou en dehors de celui-ci.

En cas d'hypercholestérolémie

Celle-ci ne pose de problème que si elle est génétique, obligeant les candidats au *Régime starter* à des précautions particulières, qu'on prendra à l'heure du déjeuner, au goûter et au dîner.

Au petit déjeuner
– pas de restriction sur le fromage ;
– ni sur le pain ;
– et encore moins sur l'huile d'olive ;
– I boisson non sucrée ;
– 2 gélules d'un complexe polyvitaminé (voir p. 194).

Au déjeuner
– pas d'œufs ni de sauces à l'œuf ;
– pas de charcuterie ;
– pas d'abats, sauf I fois par semaine : du foie de volaille ;
– des féculents ;
– I boisson non sucrée.

Avant le goûter : I barre de protéines ou I sachet de protéines (voir p. 194).

Au goûter
– pas de chocolat noir ;
– pas de cacahuètes, ni de noix de cajou ou de noix du Brésil ;
– pas de fruits ;
– idéalement : I avocat vinaigrette à l'huile de colza et au vinaigre balsamique, tenant lieu de gras et de sucre ;
– I boisson non sucrée.

Au dîner
– pas de viande blanche ;
– des légumes verts ;
– I boisson non sucrée.

Vous avez donc la possibilité, moyennant le respect de ces restrictions, de suivre comme tout un chacun le *Régime starter*. Il vous suffira de choisir, parmi l'ensemble des aliments proposés chaque semaine, ceux auxquels vous avez droit, à chaque moment propice bien entendu.

En cas de diabète

Il y a deux sortes de diabète, le diabète insulino-dépendant et le diabète non insulino-dépendant.

• Le **diabète insulino-dépendant**, parfois appelé diabète maigre, est un diabète organique, car il est dû à une insuffisance de fonctionnement du pancréas.

Les connaissances actuelles en endocrinologie ne permettent pas de le faire disparaître mais seulement de l'équilibrer, avec souvent beaucoup de difficultés. **Il n'est donc pas question de proposer le *Régime starter* aux personnes qui en souffrent.**

• En revanche, **le diabète non insulino-dépendant**, ou diabète de surcharge, est un diabète fonctionnel qui résulte de troubles du comportement alimentaire. **Il peut bénéficier sans aucun risque du *Régime starter*** et peut même disparaître en même temps que le surpoids, pour le plus grand bien et la sauvegarde des gens qui en souffrent. En effet, s'il est négligé car apparemment moins grave, il risque d'évoluer à bas bruit et finir par devenir redoutablement dangereux, notamment pour la vue, pouvant en effet provoquer des cécités définitives si on ne le maîtrise pas à temps.

Derniers conseils pour une réussite parfaite

Respectez le bon moment

– Le petit déjeuner se prend dans l'heure du lever, celle-ci ne devant pas dépasser 8 heures du matin, sauf décalage habituel de la journée comme le font par exemple les Espagnols.

– Si vous êtes debout avant 6 heures du matin, il est trop tôt pour prendre votre petit déjeuner. N'oubliez pas que, dans ce cas, vous entrez dans la catégorie des lève-tôt (voir p. 53).

– Vous devez impérativement respecter l'intervalle de temps entre les trois premiers repas.

Le plus important est bien entendu de ne pas réduire cet intervalle à moins de 4 heures, mais l'allonger jusqu'à plus de 6 heures n'est pas souhaitable non plus, pour la bonne assimilation de vos aliments.

– Ne modifiez surtout pas l'ordre de vos repas, sauf une particularité dans votre cycle de vie quotidienne.

– Mangez toujours en premier à chaque repas l'aliment le plus nourrissant. Au petit déjeuner, le fromage. Au déjeuner : la viande. Au goûter : le gras végétal. Au dîner : le poisson. Complétez ensuite avec le pain et l'huile d'olive au petit déjeuner, le féculent au déjeuner, les fruits au goûter, le légume vert au dîner.

Respectez vos besoins réels

– Ne trichez pas sur les quantités indiquées.

– Ne sautez pas le dîner, celui-ci est un facteur équilibrant de votre alimentation. En revanche, vous pouvez le réduire à sa plus simple expression à condition que ce soit d'abord en diminuant les légumes.

– À l'inverse, n'augmentez surtout pas la part des végétaux au détriment de la part de viande en croyant que vous obtiendrez ainsi un résultat encore plus rapide. Vous seriez très vite terriblement fatigué et sans doute de mauvaise humeur, sans pour autant atteindre le but souhaité.

En effet, le problème des fibres alimentaires est qu'elles s'accompagnent de beaucoup d'autres éléments peu nourrissants, mais très prompts à se stocker sous la peau en capitons disgracieux. Ceux-ci venant occuper principalement les hanches et les cuisses, puis gagnant les bras et le dos.

Pour vous aider à ne pas céder à cette tentation d'amaigrissement par une réduction ou une exagération quantitative, répétez-vous l'aphorisme suivant :

**Si vous mangez des kilos de plume,
vous aurez une silhouette en édredon.**

Et j'ai souhaité que cet aphorisme soit écrit en caractères gras... cela va de soi.

Changez de plats tous les jours

Cela présentera évidemment l'avantage de ne pas vous lasser rapidement, mais surtout celui d'apporter à votre organisme une plus grande variété d'aliments, qualitativement.

N'hésitez pas à agrémenter vos plats en choisissant à votre gré leurs modes de cuisson et en les accompagnant d'une sauce.

Variez les modes de cuisson. Selon leur nature et vos choix, vos aliments pourront donc être grillés, bouillis, rôtis, sautés, poêlés, braisés, cuits à la vapeur ou en papillotes.

N'oubliez pas les sauces. Préparées à la maison ou achetées toutes faites dans le commerce, certaines pouvant accompagner viande ou poisson. La liste ci-dessous étant, bien entendu, loin d'être exhaustive.

Pour les viandes :
- bourguignonne,
- bordelaise,
- béarnaise,
- au poivre,
- à l'estragon,
- à la diable,
- aigre-douce,
- au cari,
- à la bigarade,
- à l'échalote,
- à la ciboulette...

Pour les poissons :
- béarnaise,
- vinaigrette,
- au cumin,
- à l'échalote,
- à la moutarde,
- au curry,
- au vinaigre,
- au cresson,
- aigre-douce,
- à la ciboulette,
- à la moutarde...

Sans oublier les centaines d'idées à puiser dans les livres de recettes de Guylène Delabos, *230 recettes pour mincir sur mesure* et *La cuisine saveur pour mincir en beauté*.

Grâce au programme qui va suivre, vous allez pouvoir vous lancer avec détermination. Votre objectif : 8 kilos de moins en un temps record.

À condition bien sûr d'avoir noté auparavant, sur les quatre pages intitulées « La journée type personnelle » (pages 42 à 49), les quantités qui vous sont propres pour chacune des quatre semaines et que vous avez précédemment calculées.

À condition également d'aller choisir soigneusement dans la liste de chaque semaine les plats qui vous y sont proposés et d'organiser vos menus journaliers.

Et le repas de fête, le joker ?

Comme dans la méthode de base de la *Chrono-nutrition*, décrite dans *Mincir sur mesure grâce à la Chrono-nutrition*, vous avez droit à **1 repas « joker » par semaine**, au cours duquel tout est permis, y compris le vin.

Vous pouvez inclure ce repas de fête dans votre *Régime starter*, chaque semaine, au jour que vous choisirez.

Sachez cependant que cet entracte (un par semaine, donc quatre repas « joker » durant la période de votre *Régime starter*) peut diminuer de 2 kilos votre performance en terme de perte de poids mensuelle... Sauf si, chaque soir qui suit le repas joker, vous avez le courage de remplacer le goûter et le dîner par 1 litre de boisson non sucrée que vous boirez dans les 3 heures précédant le coucher.

En pratique, avec toutes les recommandations et si l'on tient compte des besoins qui changent d'un jour à l'autre, il faudrait un programme d'ordinateur pour définir une alimentation rationnelle pour chaque individu... sans pour autant supprimer les risques d'erreur. Il vaut mieux sans aucun doute proposer une alimentation raisonnable reposant sur quelques principes simples et tenant compte de nos obligations.

Par ailleurs, la société actuelle nous obligeant souvent à des horaires de travail ne respectant pas le rythme de vie naturel, il faudra bien adapter notre alimentation à ces impératifs hors nature. En gardant en tête les vérités et les principes suivants :

• Ne pas vouloir tout satisfaire en un seul jour. Mathématiquement, le volume de nourriture ingéré serait trop important. Il est préférable de raisonner sur une semaine.

• Ne pas tomber dans la monotonie et éviter de manger toujours le même type de repas, source à la fois de carences et de dégoût.

• Bien savoir que, si l'on diversifie les repas, les carences en oligo-éléments et en vitamines n'existent pas en France pour une ration calorique normale. Le *Régime starter* nécessitant en revanche l'ajout des compléments alimentaires dont je vous ai déjà parlé.

- S'efforcer de prendre ses repas à intervalles réguliers, de préférence dans un environnement convivial et toujours en adapter le rythme à son rythme de vie, en veillant à respecter leur déroulement chronologique.
- Ne pas oublier d'avoir une activité physique quotidienne, et pas seulement le week-end et pendant les vacances. Un peu d'activité tous les jours permet un fonctionnement régulier du corps, trop d'un seul coup ne fait que le fatiguer inutilement.

Les normes classiques de diététique préconisent trois repas par jour en moyenne qui devraient représenter 25, 45 et 30 % de la ration calorique quotidienne. Ces recommandations ont été modifiées dans leurs proportions dans les années 1990 pour être adaptées à la vie moderne. Pour éviter un repas du soir trop copieux, il est en effet souhaitable de le partager en une collation à 17 heures, suivie plus tard d'un dîner léger.

Pour être clair, si vous voulez mincir, moins vous mangerez le soir, mieux cela vaudra.

Un dernier conseil avant de faire votre choix :

Prenez le temps de lire la veille la composition de chacun des repas inscrits sur votre programme du lendemain. Et n'oubliez pas de faire les courses en temps utile afin de ne jamais être pris au dépourvu au cours de la semaine.

« Gouverner c'est prévoir », a dit Émile de Girardin (1806-1881), inventeur de la petite annonce. Au risque de passer pour un vil copieur, je vous le dis tout net :

« Bien gérer sa minceur, c'est prévoir aussi ! »

Poids et silhouette

En comparant votre poids et vos mensurations avant et après le *Régime starter*, vous pourrez évaluer très précisément les modifications de votre silhouette et apprécier ainsi les progrès accomplis.

Pour cela, il vous suffira de prendre votre poids et vos mensurations en vous conformant aux indications suivantes.

Cette comparaison vous permettra entre autres d'en savoir plus sur la signification des résultats et la manière de mesurer et de gérer votre silhouette.

Votre poids

Pesez-vous
– le matin, au lever ;
– en tenue d'Ève... ou d'Adam ;
– après être passé aux toilettes ;
– avant de prendre votre petit déjeuner.
Notez votre **poids** avant le *Régime starter* : .... kg

Votre silhouette

À l'aide d'un mètre de couturière, mesurez :
– votre **tour de taille** avant le *Régime starter* : .... cm
– votre **tour de poitrine** avant le *Régime starter* : .... cm
– votre **tour de hanches** avant le *Régime starter* : .... cm

SEMAINE 1

Votre programme personnel

SEMAINE 1

PETIT DÉJEUNER

Le fromage

| C'est la semaine des **fromages crus, à pâte fleurie.** |

.... g (consultez les quantités recommandées selon votre taille, p. 29).

Vous pouvez choisir un fromage pour chaque matin ou un seul pour la semaine :
• brie de Meaux, au goût de noisette ;
• brillat-savarin, doux et onctueux ;
• camembert, à saveur fruitée ;
• coulommiers, moelleux et tendre ;
• pérail de brebis, à saveur douce et veloutée ;
• saint-félicien, de vache ou de chèvre, ultracrémeux ;
• saint-marcellin, mi-brebis, mi-vache.

Le pain
.... g (consultez les quantités recommandées selon votre taille, p. 31).

Pour accompagner des fromages à la saveur particulièrement affirmée, choisissez plutôt du **pain de campagne**. Mais attention, il va falloir dans ce cas déguster votre huile à la cuillère, ou la remplacer sur le pain par 10 g de beurre frais, car l'huile passerait au travers des trous de ce pain très aéré.

L'huile d'olive
I cuil. à soupe d'huile d'olive (quantité valable pour tous).

Pour varier les plaisirs, vous pouvez choisir :
• de l'huile d'olive naturelle, pour accompagner le fromage de vache ;
• de l'huile d'olive aromatisée, pour accompagner le fromage de chèvre ;
• de l'huile d'olive pimentée, pour accompagner le fromage de brebis.

Les boissons
À volonté, mais sans lait, ni sucre, ni miel, ni édulcorant.
• café ;
• thé ;
• tisane ;
• eau plate ou pétillante.

Le complément alimentaire
2 gélules d'un complexe polyvitaminé (voir p. 194).

DÉJEUNER

La viande

Cette semaine, les **viandes blanches** sont à l'honneur.

Toutes les viandes blanches sauf le porc : veau, lapin, volailles. À toutes les sauces, à condition de ne pas consommer plus de 2 cuil. à soupe de sauce.

.... g (consultez les quantités recommandées selon votre taille, p. 34).

Suggestions de la semaine :
À consommer à la maison ou à emporter au bureau (si vous avez accès à un four à micro-ondes)
- Cuisse de lapin à la fleur d'oranger, recette p. 74 ;
- Papillote de lapin à la moutarde et au porto, recette p. 75 ;
- Cuisse de poulet au cerfeuil et au cumin, recette p. 76 ;
- Blanquette de veau, recette p. 77 ;
- Escalope de veau forestière, recette p. 78 ;
- Escalope de dinde au paprika, recette p. 79 ;
- Escalope de dinde à l'estragon et sa salade de riz aux baies roses, recette p. 80.

À emporter au bureau (à consommer froid)
- Escalope de dinde à l'estragon et sa salade de riz aux baies roses, recette p. 80 ;
- Salade composée : dés de poulet, riz safrané ;
- Salade composée : lamelles de veau, champignons et riz complet.

Au restaurant ou à la cantine
- Vous pouvez choisir parmi toutes les recettes de volailles (poule, poulet, poularde, coq, coquelet, chapon, dinde, dindonneau, oie, pigeon, pintade...), de veau ou de lapin. Mais attention de ne consommer que la quantité recommandée pour votre taille. Et accompagnez votre plat du féculent recommandé pour cette première semaine : le riz.

Les féculents

Cette semaine, le **riz** est en vedette.

.... cuil. à soupe (consultez les quantités recommandées selon votre taille, p. 35).

67

Suggestions de la semaine :
- Riz cantonnais ;
- Riz biryani ;
- Riz créole ;
- Riz sauvage.

Idées recettes

Riz pilaf, p. 81
Riz safrané, p. 82
Risotto express, p. 83

La boisson
3 grands verres d'eau ;
en plus, vous pouvez boire 1 café, 1 thé ou 1 tisane.

GOÛTER

Les quantités du goûter sont valables pour tous, quelle que soit la taille.

Juste avant le goûter
1 barre de protéines ou 1 sachet de protéines (voir p. 194) dilué dans 1 verre d'eau.

Les gras végétaux

C'est la semaine du **chocolat** en tablette.

Vous pouvez le choisir sous toutes ses formes, pourvu qu'il soit noir et qu'il y en ait 30 g.

30 g de chocolat noir en tablette

Suggestions de la semaine :
- 30 g de chocolat noir pur ;
- 30 g de chocolat noir aux noisettes ;
- 30 g de chocolat noir aux fruits ;
- 30 g de chocolat noir à la pâte d'amande ;
- 30 g de chocolat noir fantaisie (au choix).

Les fruits et dérivés sucrés

> C'est la semaine des **jus de fruits** de toutes sortes.

L'idéal sera bien entendu de les presser soi-même, mais on peut trouver d'excellents produits dans le commerce, à condition de veiller à n'acheter que des jus de fruits garantis « 100 % pur jus pressé ».

2 grands verres de 25 cl (soit 1/2 litre au total)

Suggestions de la semaine :
- jus de poire ;
- jus de pomme ;
- jus d'ananas ;
- jus de raisin ;
- jus d'orange ;
- jus de pamplemousse ;
- ou tous les cocktails de jus de fruits que vous voulez.

Idées recettes

Le cocktail des constipés, p. 84
Le schweppes orange, p. 84
Le schweppes pamplemousse, p. 84
Le schweppes ananas, p. 84

DÎNER

Le poisson

| C'est la semaine des **poissons gras** riches en Oméga 3. |

Vous avez une semaine pour connaître ces poissons : saumon, sardine, maquereau, hareng, thon, espadon, lotte... À toutes les sauces, à condition de ne pas consommer plus de 2 cuil. à soupe de sauce.

.... g (consultez les quantités recommandées selon votre taille, p. 39).

Suggestions de la semaine :
- Filets de maquereau à la moutarde, recette p. 86 ;
- Saumon à l'étouffée sur lit d'endives à l'orange, recette p. 87 ;
- Saumon en papillote de chou, recette p. 88 ;
- Thon à la catalane, recette p. 90 ;
- Thon au curry et fondue d'endives à l'orange, recette p. 91 ;
- Maquereaux farcis à l'échalote, recette p. 92.

Les légumes verts

| C'est la semaine des légumes verts à **feuilles**. |

.... cuil. à soupe (consultez les quantités recommandées selon votre taille, p. 40).

Suggestions de la semaine :
- chou vert ;
- chou rouge ;
- brocolis ;
- endives ;
- salade verte.

La boisson

3 grands verres d'eau ;
en plus, vous pouvez boire 1 café, 1 thé ou 1 tisane.

SEMAINE 1

....

(Photocopiez cette page et inscrivez le jour de la semaine)

PETIT DÉJEUNER

• **Fromage**
...... g de ....
ou ...... g de la recette ....

• **Pain**
...... g de pain ....

• **Huile d'olive**
1 cuil. à soupe d'huile d'olive (nature, pimentée, aromatisée...)

• **Boisson** ....

• **Complément alimentaire**
2 gélules d'un complexe polyvitaminé (voir p. 194)

DÉJEUNER

• **Viande**
...... g de (veau, lapin, volaille) ....
ou ...... g de la recette ....

• **Féculents**
...... cuil. à soupe de riz ....
ou ...... cuil. à soupe de la recette ....

• **Boisson**
3 grands verres d'eau
Éventuelle boisson supplémentaire ....

GOÛTER

• Juste avant le goûter

1 barre de protéines ou 1 sachet de protéines (voir p. 194)

• Gras végétal

30 g de chocolat noir ....

• Fruit

50 cl de jus « 100 % pur jus pressé » ....

DÎNER

• Poisson gras

...... g de ....

ou ...... g de la recette ....

• Légumes verts

...... cuil. à soupe de (légumes verts à feuilles) ....

ou ...... cuil. à soupe de la recette ....

• Boisson

3 grands verres d'eau

Éventuelle boisson supplémentaire ....

Cuisses de lapin à la fleur d'oranger

N'oubliez pas d'adapter les quantités à votre cas ! (voir p. 34).

Préparation : 10 min – **Cuisson :** 1 h

Pour 2 personnes	1 échalote hachée
4 belles cuisses de lapin	1 gousse d'ail
50 g de petits lardons	1 brin de thym
2 cuil. à soupe d'huile d'olive	1 brin de sauge
4 cuil. à soupe de vin blanc	1/2 feuille de laurier
1 cuil. à soupe d'eau de fleur d'oranger	1/2 cuil. à café de cannelle
1/2 cuil. à soupe de vinaigre de miel à l'ail	Sel, poivre

• Dans une sauteuse antiadhésive, faire chauffer l'huile d'olive, y faire dorer les cuisses sur les deux faces puis les débarrasser dans une assiette.

• Mettre à dorer les lardons puis les réserver avec les cuisses de lapin.

• Les remplacer par l'échalote hachée, puis lorsqu'elle est transparente remettre le tout dans une cocotte.

• Ajouter alors l'ail écrasé.

• Arroser avec le vin blanc, le vinaigre et l'eau de fleur d'oranger. Saler, poivrer et saupoudrer de cannelle.

• Couvrir et laisser mijoter 45 min. Si la sauce réduit trop, ajouter pour qu'elle reste fluide, 1 cuil. à soupe d'eau parfumée avec 1 cuil. à café d'eau de fleur d'oranger.

• Accompagner de riz.

Bon à savoir

Si vous n'avez pas trouvé de vinaigre de miel à l'ail, vous pouvez mélanger 1/4 de gousse d'ail dans du vinaigre de miel.

Lapin à la moutarde et au porto en papillote

N'oubliez pas d'adapter les quantités à votre cas ! (voir p. 34).

Préparation : 10 min – **Cuisson :** 1 h 30

Pour 2 personnes	4 brins de thym
2 cuisses de lapin	2 brins de romarin
2 cuil. à soupe de moutarde forte de Dijon	4 feuilles de sauge
	2 brins de persil
2 cuil. à soupe de moutarde à l'ancienne	Sel, poivre du moulin
3 cuil. à soupe de porto	**Matériel**
2 cuil. à soupe de madère	2 rectangles de 40 cm de papier
2 feuilles de laurier	aluminium

- Préchauffer le four à 180 °C (th. 5-6).
- Sur chaque feuille de papier aluminium, saler, poivrer et poser 1 brin de thym, 1/2 feuille de laurier et 1 feuille de sauge.
- Tartiner largement les cuisses de lapin de moutarde forte d'un côté et de moutarde à l'ancienne de l'autre. Déposer les cuisses moutardées sur chaque feuille, saler, poivrer. Replier les feuilles d'aluminium afin de former une cuvette, verser 1 cuil. à soupe 1/2 de porto et 1 cuil. à soupe de madère dans chaque papillote.
- Recouvrir avec le reste d'herbes et fermer hermétiquement les feuilles de papier aluminium en laissant un maximum d'air à l'intérieur.
- Mettre au four pendant 1 h 30, sortir et déposer dans les assiettes en perçant le papier aluminium pour bien faire sentir le parfum de Provence.
- Servir avec du *Riz pilaf* (recette p. 81).

Cuisse de poulet au cerfeuil et au cumin

N'oubliez pas d'adapter les quantités à votre cas ! (voir p. 34).

Préparation : 25 min – **Cuisson :** 35 min

Pour 2 personnes   4 brins de cerfeuil
2 belles cuisses de poulet   1 cuil. à café de graines de cumin
2 cuil. à soupe de vin blanc   Sel, poivre du moulin

• Faire chauffer une poêle antiadhésive à fond épais et couvercle en Pyrex et y déposer les deux cuisses de poulet côté peau.

• Couvrir, faire dorer à feu vif pendant 10 à 15 min, puis débarrasser sur une assiette.

• Ôter le gras de la sauteuse et l'essuyer avec un papier absorbant puis la remettre à chauffer.

• Y redéposer les cuisses côté peau, les parsemer de cumin, saler, poivrer et déposer sur chacune une brin de cerfeuil.

• Retourner les cuisses, ajouter le vin blanc, couvrir la poêle et laisser cuire à feu moyen.

• Au bout de 30 min, réduire à feu doux et découvrir pendant 5 min pour que les vapeurs d'alcool s'évaporent.

• Servir avec du *Riz pilaf* (recette p. 81).

Blanquette de veau

N'oubliez pas d'adapter les quantités à votre cas ! (voir p. 34).

Préparation : 20 min – **Cuisson :** I h I5

Pour 6 personnes	I échalote
1,5 kg de tendron ou de flanchet	I citron (jus)
200 g de crème fraîche	2 piments de la Jamaïque
50 g de beurre	I sachet de court-bouillon
2 jaunes d'œufs	1,5 litre d'eau
250 g de champignons de Paris lavés	1,5 dl de vin blanc sec
et émincés	40 g de farine
I oignon piqué d'un clou de girofle	5 grains de poivre

• Dans une cocotte, poser les morceaux de viande. Recouvrir d'eau et de vin.

• Ajouter l'oignon, l'échalote, les grains de poivre, les piments et le sachet de court-bouillon.

• Porter à ébullition, écumer, et baisser le feu.

• Couvrir et laisser mijoter pendant 45 min.

• À l'aide d'une écumoire, enlever les morceaux de viande et les déposer sur du papier absorbant.

• Faire réduire le bouillon de moitié à feu très vif et le passer.

• Faire le roux : dans une cocotte, faire fondre le beurre avec la farine en tournant avec une cuillère en bois. Lorsque le mélange est intimement lié, verser petit à petit le bouillon (en réservant 2 louches) sans cesser de remuer, porter à ébullition pendant 3 min.

• Y ajouter les morceaux de viande et les champignons et continuer la cuisson pendant I5 min.

• Pendant ce temps, mélanger dans un grand bol : les œufs, la crème, le jus du citron et les 2 louches de bouillon restantes.

• Baisser le feu sous la cocotte et y verser le contenu du bol. La sauce ne doit plus bouillir.

• Servir avec du riz.

Escalope de veau forestière

N'oubliez pas d'adapter les quantités à votre cas ! (voir p. 34).

Préparation : 15 min – **Cuisson :** 17 min

Pour 2 personnes	1 cuil. à soupe de sauce tomate
2 belles escalopes de veau	4 cuil. à soupe de vin blanc sec
15 g de beurre	2 cuil. à soupe de bouillon de bœuf
175 g de champignons	1 cuil. à soupe + 1 cuil. à café d'huile
1 échalote hachée	de pépins de raisin
1 cuil. à soupe de persil haché	Sel, poivre du moulin

• Dans une poêle à fond épais, faire chauffer la cuillère à soupe d'huile et le beurre à feu vif.

• Y saisir les escalopes rapidement de chaque côté à feu vif puis baisser le feu, laisser cuire à feu très doux et les retourner dès que le sang perle à la surface.

• Cuire la deuxième face de la même façon, saler et poivrer.

• Débarrasser les escalopes sur un plat de service et les recouvrir d'un papier aluminium pour les garder au chaud.

• Jeter les champignons émincés et l'échalote dans la poêle, ajouter la cuillère à café d'huile, faire revenir 4 à 5 min à feu vif puis ajouter le vin blanc.

• Laisser réduire 1 à 2 min, verser le bouillon et le concentré de tomate.

• Saler, poivrer et verser sur les escalopes, parsemer de persil.

• Servir avec du *Riz pilaf* (recette p. 81).

Escalope de dinde au paprika

N'oubliez pas d'adapter les quantités à votre cas ! (voir p. 34).

Préparation : 5 min – **Cuisson :** 15 min

Pour 2 personnes	1 échalote hachée
2 belles escalopes de dinde	2 cuil. à soupe de persil haché
1 cuil. à soupe d'huile d'olive	1 à 2 cuil. à soupe de paprika
15 g de beurre	Sel

• Dans une poêle, faire chauffer l'huile et le beurre, y faire fondre l'échalote.

• Quand elle commence à prendre couleur, ajouter les escalopes, les saler et les saupoudrer largement de paprika.

• Laisser cuire à feu moyen 3 à 4 min, les retourner, saupoudrer à nouveau de paprika.

• Laisser cuire encore 4 à 6 min suivant l'épaisseur des escalopes.

• Éteindre le feu et parsemer de persil.

• Servir avec un *Risotto express* (recette p. 83).

Escalope de dinde à l'estragon et sa salade de riz aux baies roses

N'oubliez pas d'adapter les quantités à votre cas ! (voir p. 34).

Préparation : 10 min – **Cuisson :** 3 min

Pour 1 personne	Vinaigrette
170 g d'escalope de dinde détaillée en fines lanières	1 cuil. à soupe de vinaigre à l'estragon
1 cuil. à soupe d'huile d'olive	1 cuil. à soupe d'huile d'olive
1 cuil. à soupe de vinaigre à l'estragon	1 cuil. à soupe d'huile de colza
1 cuil. à soupe d'estragon ciselé	1 cuil. à café de moutarde à l'estragon
Sel, poivre du moulin	Sel, poivre du moulin

• Émincer l'escalope en fines lanières.
• Dans une poêle antiadhésive, faire chauffer l'huile d'olive et y poêler les lanières 1 min 30 de chaque côté. Saler et poivrer.
• Égoutter sur du papier absorbant.
• Déglacer la poêle avec le vinaigre à l'estragon.
• Dans une boîte hermétique, placer 3 cuil. à soupe de *Riz pilaf* refroidi (recette p. 81) et assaisonné de vinaigrette.
• Déposer les lanières de dinde, arroser du jus de cuisson déglacé et parsemer d'estragon ciselé.

Riz pilaf

N'oubliez pas d'adapter les quantités à votre cas ! (voir p. 35).

Préparation : 5 min – Cuisson : 12 à 15 min

Pour 1 personne	1 cuil. à soupe d'huile d'olive
2 cuil. à soupe de riz cru	Sel, poivre du moulin
3 cuil. à soupe d'eau bouillante	

• Dans une petite casserole, faire chauffer l'huile d'olive.

• Verser le riz en remuant pour qu'il ne prenne pas couleur.

• Dès qu'il est transparent, verser l'eau bouillante, saler et poivrer. Couvrir et laisser mijoter à feu doux pendant environ 12 à 15 min, à petits frémissements jusqu'à absorption complète de l'eau.

Pour réussir cette recette

• *Bien mesurer le volume du riz et ajouter exactement 1 volume 1/2 de liquide.*

• *Ne pas laisser le riz prendre couleur en le chauffant dans l'huile.*

• *Veiller à ce que l'eau soit bouillante au moment de la verser sur le riz.*

Riz safrané

N'oubliez pas d'adapter les quantités à votre cas ! (voir p. 35).

Préparation : 10 min – **Cuisson :** 20 min

Pour 4 personnes
250 g de riz long (2 verres)
60 cl d'eau (4 verres)
1 oignon
1 cube de bouillon de volaille

2 cuil. à soupe d'huile
1 clou de girofle
1 pincée de noix muscade râpée
1 dose de safran
Sel, poivre du moulin

• Dissoudre le cube de bouillon de volaille dans 60 cl d'eau et le faire chauffer.

• Rincer le riz à l'eau froide jusqu'à ce que l'eau soit limpide, et le faire égoutter dans une passoire.

• Éplucher l'oignon, l'émincer en fines lamelles et le faire revenir à l'huile dans une sauteuse posée sur feu doux, sans lui faire prendre couleur.

• Ajouter le riz cru égoutté et le faire revenir jusqu'à ce qu'il soit translucide.

• Verser le bouillon chaud sur le riz et ajouter le clou de girofle, la noix muscade râpée et le safran. Saler, poivrer, mélanger quelques instants, couvrir la sauteuse et laisser cuire à feu doux environ 20 min.

Risotto express

N'oubliez pas d'adapter les quantités à votre cas ! (voir p. 35).

Préparation : 10 min – **Cuisson :** 5 min

Pour 4 personnes
400 g de riz à risotto (carnaroli ou arborio)
1 gros oignon
3 feuilles de basilic

1 cuil. à soupe d'huile d'olive
20 g de beurre
30 g de parmesan râpé
Bouillon de volaille

• Faire revenir l'oignon haché dans l'huile d'olive. Ajouter le riz et faire dorer. Arroser en versant le bouillon (l'équivalent de 2 fois le volume du riz).

• Mettre dans une Cocotte-Minute. Dès qu'elle siffle, faire cuire 5 min.

• À la fin, ajouter une grosse noix de beurre, un peu de parmesan râpé et un peu de basilic ciselé.

Le cocktail des constipés

Préparation : 5 min

Pour I personne   10 cl de jus de pamplemousse
10 cl de jus d'orange   I citron entier pressé
10 cl de jus d'ananas

• Dans un grand verre, mettre le jus d'orange, le jus d'ananas, le jus de pamplemousse et le citron pressé.

Bon à savoir
Pour plus d'efficacité, ajouter dans un petit bol chinois un méli-mélo de pruneaux et d'abricots et dans un demi-bol ou un pot à yaourt un méli-mélo de noisettes, d'amandes et de noix épluchées.

*

Le Schweppes orange
Dans un verre de 33 cl, mettre :
1/2 verre de jus d'orange, 2 glaçons
Compléter avec du Schweppes et déguster aussitôt.

*

Le Schweppes pamplemousse
Dans un verre de 33 cl, mettre :
1/2 verre de jus de pamplemousse, 2 glaçons
Compléter avec du Schweppes et déguster aussitôt.

*

Le Schweppes ananas
Dans un verre de 33 cl, mettre :
1/2 verre de jus d'ananas, 2 glaçons
Compléter avec du Schweppes et déguster aussitôt.

Fondue d'endives

N'oubliez pas d'adapter les quantités à votre cas ! (voir p. 40).

Préparation : 15 min – **Cuisson :** 10 min

Pour 2 personnes	I petite cuil. à café de sucre en poudre
2 endives	I cuil. à café d'huile d'olive
1/2 orange (jus)	Sel, poivre
1/2 citron (jus)	

- Éliminer les feuilles flétries des endives, couper leur pied en le creusant pour enlever l'amertume.
- Couper les endives en rondelles de I cm d'épaisseur.
- Dans une poêle antiadhésive à fond épais, faire chauffer I cuil. à café d'huile d'olive, ajouter les endives, le jus d'orange et de citron, saler, poivrer et poudrer de sucre en poudre.
- Couvrir et laisser mijoter à feu moyen pendant 10 min, puis ôter le couvercle et continuer la cuisson encore 10 min.

Filets de maquereaux à la moutarde

N'oubliez pas d'adapter les quantités à votre cas ! (voir p. 39).

Préparation : 15 min – **Cuisson :** 20 min

Pour 2 personnes	1 cuil. à soupe de moutarde forte de Dijon
2 beaux maquereaux étêtés et vidés	20 g de beurre
1 sachet ce court-bouillon	2 cuil. à soupe de crème fraîche
2 cuil. à soupe et 1 cuil. à café de	1 feuille de laurier
vinaigre de vin blanc	Sel, poivre

• Cuire d'abord les maquereaux : remplir une casserole d'environ 3 litres d'eau froide, y verser le contenu du sachet de court-bouillon, 2 cuil. à soupe de vinaigre, la feuille de laurier, saler, poivrer. Porter à ébullition.
• Plonger alors les maquereaux et laisser frémir pendant 15 min.
• Pendant ce temps, préparer la sauce : délayer dans une poêle 1 cuil. à café de vinaigre avec la moutarde, ajouter le beurre, saler et poivrer.
• Faire chauffer et incorporer la crème fraîche.
• Quand les maquereaux sont cuits, les sortir de la casserole, enlever la peau, laver les filets en veillant à bien ôter les arêtes, puis les poser dans la poêle pour les réchauffer 1 ou 2 min.
• Les servir très chauds, nappés de leur sauce dans 2 assiettes chaudes.
• Accompagner d'endives braisées ou d'un autre légume à feuilles.

Saumon à l'étouffée sur lit d'endives à l'orange

N'oubliez pas d'adapter les quantités à votre cas ! (voir p. 39).

Préparation : 5 min – **Cuisson :** 25 min

Pour 2 personnes	I cuil. à café d'huile d'olive
400 à 500 g de filets de saumon	2 pincées de sel fin
sans la peau	Sel de Guérande
4 endives	Poivre mignonnette
I orange (jus)	

• Éplucher les endives, en creusant le pied pour enlever la partie la plus amère. Les couper en rondelles de I cm.

• Dans une sauteuse antiadhésive, mettre l'huile d'olive à chauffer à feu moyen, ajouter les rondelles d'endives, saler avec le sel fin, et arroser avec le jus d'orange.

• Au bout d'environ 7 min, quand le jus d'orange et le jus rendu par les endives dégagent une légère vapeur, poser les tranches de saumon sur les légumes, les parsemer de sel de Guérande et de poivre mignonnette.

• Recouvrir d'un couvercle, baisser le feu et faire cuire environ 15 min.

• Dès que le saumon est devenu rose mat, arrêter la cuisson et servir.

Saumon en papillote de chou

N'oubliez pas d'adapter les quantités à votre cas ! (voir p. 39).

Préparation : 25 min – **Cuisson :** 50 min

Pour 2 personnes	1 carotte
400 g de saumon	1 clou de girofle
1 petit chou vert	1 feuille de laurier
40 g de petits lardons	1 cuil. à soupe d'huile d'olive
1 cube de bouillon de poule	Thym
20 baies de genièvre	30 cl de bouillon de poule (1 cube)
1 oignon	Sel, poivre

- Ôter les huit premières feuilles du chou, les laver, enlever le trognon et couper en tranches d'un cm le reste du chou.
- Émincer très finement l'oignon et couper la carotte en rondelles.
- Remplir une casserole d'eau salée, la porter à ébullition et y faire blanchir les feuilles de chou pendant 10 min avec les 8 grandes feuilles.
- Les sortir, les égoutter et les découper en lanières en réservant les grandes feuilles.
- Dans une sauteuse antiadhésive, mettre la cuillerée à soupe d'huile d'olive, faire revenir l'oignon, les carottes et les lardons.
- Ajouter 12 baies de genièvre, le clou de girofle, le thym, le laurier et 30 cl de bouillon de poule.
- Poivrer, ne surtout pas saler, à cause du bouillon qui l'est déjà, couvrir et laisser mijoter 25 min.

Pendant ce temps
- Couper le filet de saumon en 4 parts, les poser sur 4 feuilles de chou, les saler au sel de Guérande, les poivrer et ajouter sur chaque pavé 2 baies de genièvre qu'on aura écrasées avec une lame de couteau appliquée à plat.
- Recouvrir les parts avec les 4 feuilles de chou restantes, les fice-

ler et réaliser des papillotes puis déposer celles-ci dans la sauteuse, sur le lit de choux.
• Couvrir et laisser cuire 7 à 10 min suivant l'épaisseur des parts.
• Servir bien chaud.

Thon à la catalane

N'oubliez pas d'adapter les quantités à votre cas ! (voir p. 39).

Préparation : 5 min – **Cuisson :** 15 min

Pour 2 personnes	2 cuil. à soupe d'huile d'olive
400 g de thon au naturel en boîte	1 cuil. à café d'herbes de Provence
6 tomates	1 cuil. à café de graines de fenouil
100 g de poivrons surgelés (ou	Sel, poivre du moulin
1/2 poivron vert et 1/2 poivron rouge)	

• Couper les poivrons en dés.

• Les faire revenir 3 min dans l'huile d'olive chaude.

• Y ajouter les tomates coupées en quatre avec les herbes de Provence, les graines de fenouil, 1 tour de moulin à poivre et la pincée de sel.

• Ajouter le thon en morceaux de la taille d'une noix.

• Laisser mijoter environ 10 min.

• Servir avec des brocolis vapeur ou un autre légume vert à feuilles.

Thon au curry et fondue d'endives à l'orange

N'oubliez pas d'adapter les quantités à votre cas ! (voir p. 39).

Préparation : 10 min – **Cuisson :** 20 min

Pour 2 personnes	2 cuil. à soupe d'huile d'olive
450 g de thon en boîte	1 orange (jus)
4 endives	1/2 cuil. à café de sucre en poudre
1 échalote	Sel, poivre du moulin
1 cuil. à café de pâte de curry	

- Éplucher les endives en creusant le pied pour enlever la partie la plus amère. Les couper en rondelles d'1 cm.
- Dans une sauteuse antiadhésive à fond épais, faire chauffer 1 cuil. à soupe d'huile d'olive.
- Quand elle est transparente, y jeter les endives émincées, saler, poivrer, arroser du jus d'orange et poudrer de sucre.
- Couvrir et laisser mijoter pendant 10 min puis découvrir jusqu'à évaporation de l'eau rendue par les endives.
- Ouvrir la boîte de thon.
- Dans une casserole, faire chauffer 1 cuil. à soupe d'huile d'olive et faire fondre l'échalote hachée.
- Dès qu'elle est transparente, ajouter 1 cuil. à café de pâte de curry et 2 cuil. à soupe du jus de la boîte de thon. Bien délayer et maintenir la sauce au chaud.
- Mettre tout le thon et le reste du jus du thon dans un plat allant au micro-ondes, faire chauffer 3 min à puissance maximale.
- Sortir le thon, l'égoutter, le placer dans l'assiette, le napper de sauce et le servir avec les endives.

Maquereaux farcis à l'échalote

N'oubliez pas d'adapter les quantités à votre cas ! (voir p. 39).

Préparation : 20 min – **Cuisson :** 25 min

Pour 2 personnes	1 cuil. à café de persil
4 maquereaux	1 cuil. à café de graines de fenouil
6 échalotes	1 cuil. à café de graines d'aneth
2 citrons (jus)	Sel, poivre du moulin
3 cuil. à soupe d'huile d'olive	

• Demander au poissonnier de vider et de couper les nageoires des maquereaux. Pratiquer sur le dos de petites incisions.
• Badigeonner l'intérieur des poissons avec 1 cuil. à soupe d'huile d'olive. Arroser de jus de citron (garder 1/2 citron), saler et poivrer.
• Farcir chaque poisson avec un mélange de persil haché, fenouil, aneth et 4 échalotes hachées. Ficeler chaque maquereau.
• Dans une poêle, faire chauffer 1 cuil. à soupe d'huile d'olive.
• Faire cuire les poissons 8 min de chaque côté.
• Pendant ce temps, préparer la sauce : dans une poêle, faire chauffer 1 cuil. à soupe d'huile d'olive et faire revenir les 2 échalotes hachées restantes, du persil haché, le jus d'1/2 citron.
• Saler, poivrer et laisser cuire doucement pendant 6 min.
• Servir bien chaud, accompagné d'endives ou d'un autre légume vert à feuilles.

SEMAINE 2

Votre programme personnel

SEMAINE 2

PETIT DÉJEUNER

Le fromage

> Cette semaine, découvrez **les fromages à pâte pressée non cuite.**

.... g (consultez les quantités recommandées selon votre taille, p. 29).

Vous pouvez choisir un fromage pour chaque matin ou un seul pour la semaine. Il serait cependant dommage de n'en choisir qu'un, leurs saveurs étant aussi variées que leurs origines, bien que leurs modes de préparation soient basés sur le même principe et que leurs textures soient très proches.
- cantal jeune ou vieux ;
- citeaux ;
- cheddar fermier ou laitier ;
- gouda ;
- mimolette jeune ou vieille ;
- saint-nectaire ;
- tomme d'Auvergne ou de Savoie.

Le pain
Pour accompagner ces fromages denses, on choisira de préférence du **pain blanc.**
.... g (consultez les quantités recommandées selon votre taille, p. 31).

L'huile d'olive
I cuil. à soupe d'huile d'olive (quantité valable pour tous).
L'huile d'olive pimentée s'accorde très bien avec ces fromages.

Les boissons
À volonté, mais sans lait, ni sucre, ni miel, ni édulcorant.
- café ;
- thé ;
- tisane ;
- eau plate ou pétillante.

Le complément alimentaire
2 gélules d'un complexe polyvitaminé (voir p. 194).

Idée recette

Tartines grillées à la tomme d'Abondance
et au massalé, p. 104.

Dans ce cas, la recette couvre les besoins
en fromage, en gras (remplace l'huile d'olive)
et en pain.

DÉJEUNER

La viande

C'est la semaine des **viandes rouges** et du gibier.

Tout est permis : bœuf, cheval, chevreuil, sanglier, autruche, bison, magret de canard... À toutes les sauces, à condition de ne pas consommer plus de 2 cuil. à soupe de sauce.

.... g (consultez les quantités recommandées selon votre taille, p. 34).

Suggestions de la semaine :
À consommer à la maison ou à emporter au bureau (si vous avez accès à un four à micro-ondes)
- Onglet à la moutarde, recette p. 105.
- Bœuf haché à la cubaine, recette p. 106.
- Paleron braisé à la bière, recette p. 108.
- Magret de canard à la bière, recette p. 109.
- Bœuf en daube, recette p. 111.
- Salade de bœuf et coquillette en vinaigrette à la tomate, recette p. 112.

À emporter au bureau (à consommer froid)
- Salade de bœuf et coquillette en vinaigrette à la tomate, recette p. 112.
- Salade composée : dés de rosbif, pâtes papillons, vinaigrette à l'estragon.
- Salade composée : dés de bœuf, pâtes macaronis, vinaigrette à la ciboulette.

Au restaurant ou à la cantine
- Vous pouvez choisir parmi toutes les recettes de viande rouge **(bœuf, cheval, mouton, chevreuil, sanglier, autruche, bison, magret de canard)**. Mais attention de ne consommer que la quantité recommandée pour votre taille. Et accompagnez votre plat du féculent recommandé pour cette deuxième semaine : les pâtes.

Les féculents

C'est la semaine des **pâtes**.

.... g cuil. à soupe (consultez les quantités recommandées selon votre taille, p. 35).

97

Suggestions de la semaine :
- tagliatelles ;
- coquillettes au beurre ;
- spaghettis à la sauce bolognaise ;
- macaronis à la tomate ;
- nouilles soba au sarrasin.

La boisson
3 grands verres d'eau ;
en plus, vous pouvez boire 1 café, 1 thé ou 1 tisane.

GOÛTER

Les quantités du goûter sont valables pour tous, quelle que soit la taille.

Juste avant le goûter
1 barre de protéines ou 1 sachet de protéines (voir p. 194) dilué dans 1 verre d'eau.

Les gras végétaux

C'est la semaine des **graines oléagineuses** de toutes sortes.

Vous pouvez même les choisir enrobées de sucre si cela vous fait plaisir.

1/2 petit bol chinois (soit 12,5 cl) de graines oléagineuses.

Suggestions de la semaine :
- 1/2 bol chinois (soit 12,5 cl) de noix ;
- 1/2 bol chinois (soit 12,5 cl) d'amandes ;
- 1/2 bol chinois (soit 12,5 cl) de noisettes ;
- 1/2 bol chinois (soit 12,5 cl) de noix de cajou ;

- 1/2 bol chinois (soit 12,5 cl) de noix de pécan ;
- 1/2 bol chinois (soit 12,5 cl) de cacahuètes ;
- 1/2 bol chinois (soit 12,5 cl) de pistaches.

Les fruits et dérivés sucrés

C'est la semaine des **fruits cuits.**

Préparés de toutes les façons, du moment qu'ils sont cuits.

2 grandes cuil. à soupe de fruits cuits

Suggestions de la semaine :
- pommes cuites ;
- mandarines confites ;
- abricots rôtis ;
- pamplemousse rôti ;
- pêches au sirop ;
- figues chaudes ;
- compotes variées.

Idées recettes

Figues à la cannelle, p. 113

La boisson
1 grand verre d'eau ou tisane ou thé.

DÎNER

Le poisson

C'est la semaine des **poissons maigres.**

Vous avez le choix : cabillaud, lieu doré, merlan, raie, rouget, sole, truite, dorade, rascasse, grenadier, barbue, saint-pierre... À toutes les sauces, à condition de ne pas consommer plus de 2 cuil. à soupe de sauce.

.... g (consultez les quantités recommandées selon votre taille, p. 39).

Suggestions de la semaine :
- Filet de cabillaud au cidre, recette p. 114.
- Églefin sauce gribiche, recette p. 115.
- Raie au safran, recette p. 116.
- Filet de rouget à l'aneth, recette p. 117.
- Filet de dorade au citron, recette p. 118.
- Filet de merlan au citron et au cumin, recette p. 119.
- Filets de grenadier à la bordelaise, recette p. 120.

Les légumes verts

C'est la semaine des légumes verts à **tiges** et des **champignons**.

Parmi les légumes verts à tiges : fenouil, céleri branche, asperges, poireaux...
Et les **champignons** : de Paris, cèpes, trompettes, pleurotes, girolles, morilles...

.... cuil. à soupe (consultez les quantités recommandées selon votre taille, p. 40).

Suggestions de la semaine :
- Fondue de poireau, recette p. 122.
- Champignons à l'échalote, recette p. 123.
- Champignons rosés à l'ail, recette p. 124.
- Fricassée de girolles, recette p. 125.

Idées recettes

Filet de cabillaud au cidre,
p. 114

La boisson
3 grands verres d'eau.

SEMAINE 2

....

(Photocopiez cette page et inscrivez le jour de la semaine)

PETIT DÉJEUNER

• **Fromage**
...... g de ....
ou ...... g de la recette ....

• **Pain**
...... g de pain ....

• **Huile d'olive**
1 cuil. à soupe d'huile d'olive (nature, pimentée, aromatisée...)

• **Boisson** ....

• **Complément alimentaire**
2 gélules d'un complexe polyvitaminé (voir p. 194)

DÉJEUNER

• **Viande**
...... g de (viande rouge, gibier) ....
ou ...... g de la recette ....

• **Féculents**
...... cuil. à soupe de pâtes ....
ou ...... cuil. à soupe de la recette ....

• **Boisson**
3 grands verres d'eau
Éventuelle boisson supplémentaire ....

GOÛTER

• **Juste avant le goûter**
1 barre de protéines ou 1 sachet de protéines (voir p. 194).

• **Gras végétal**
1/2 petit bol chinois (soit 12,5 cl) de graines (amandes, noisettes, pistaches...) ....

• **Fruit**
2 grandes cuil. à soupe de fruits cuits ....

DÎNER

• **Poisson maigre**
...... g de ....
ou ...... g de la recette ....

• **Légumes verts**
...... cuil. à soupe de (légumes verts à tiges) ....
ou ...... cuil. à soupe de la recette ....

• **Boisson**
3 grands verres d'eau
Éventuelle boisson supplémentaire ....

Tartines grillées à la tomme d'Abondance et au massalé

N'oubliez pas d'adapter les quantités à votre cas ! (voir p. 29).

Préparation : 6 min – **Cuisson :** 3 min

Pour 2 personnes   Quelques pincées de mélange massalé
140 g de tomme d'Abondance   70 g de pain blanc coupé en longueur
30 g de beurre

• Mettre les deux tartines à griller au four et pendant ce temps couper le fromage en lamelles.

• Beurrer les tartines dès la sortie du four et les recouvrir à part égales avec les lamelles de tomme d'Abondance.

• Mouliner largement le massalé pour exalter la saveur fruitée du fromage.

Onglet à la moutarde

N'oubliez pas d'adapter les quantités à votre cas ! (voir p. 34).

Préparation : 13 min – **Cuisson :** 14 min

Pour 2 personnes	1 cuil. à soupe d'huile d'olive
2 onglets de bœuf	1/2 cuil. à café de sucre en poudre
10 g de beurre	4 cuil. à soupe de vin rouge
1 échalote hachée	Sel, poivre du moulin
2 cuil. à soupe de moutarde forte de Dijon	

• Dans une poêle antiadhésive, faire chauffer l'huile et le beurre, dès qu'ils sont chauds, y faire fondre l'échalote hachée.

• Pendant ce temps, tartiner de moutarde les 2 onglets sur une face, saler et poivrer.

• Dès que l'échalote est transparente, déposer les onglets dans la poêle et les saisir à feu vif pendant 1 min.

• Retourner les onglets et tartiner l'autre face avec la moutarde, saler, poivrer et faire cuire à nouveau à feu vif pendant 2 min.

• Baisser le feu puis faire cuire à feu moyen pendant 5 à 10 min suivant l'épaisseur des tranches de viande.

• Quand le sang perle à la surface de la viande, celle-ci est saignante.

• Réserver les onglets sur 2 assiettes chaudes.

• Verser le vin et le sucre en poudre dans la poêle à feu vif pour la déglacer en grattant bien les sucs avec une cuillère en bois. Maintenir à feu vif pendant 1 min.

• Napper les onglets avec la sauce obtenue.

• Servir avec des tagliatelles ou d'autres pâtes au choix.

Bœuf haché à la cubaine

N'oubliez pas d'adapter les quantités à votre cas ! (voir p. 34).

Préparation : 10 min – **Cuisson :** 1 h 10

Pour 2 personnes	4 brin de thym
340 g de steack haché	1 brin de laurier
2 œufs	2/3 d'un verre de vin rouge
40 g de tomates	Riz pilaf (recette p. 81)
1 banane	3 cuil. à soupe d'huile d'olive
6 graines de coriandre	Poivre de Cayenne
1 gousse d'ail	Sel, poivre du moulin
3 oignons	

• Éplucher et émincer finement les oignons, débarrasser la gousse d'ail de son germe et l'écraser.
• Dans une petite cocotte faire chauffer 2 cuil. à soupe d'huile d'olive.
• Y mettre les oignons et la gousse d'ail et les faire revenir en tournant de temps en temps.
• Dès que les oignons et l'ail sont légèrement dorés, ajouter la viande hachée et laisser dorer environ 10 min.

Pendant ce temps
• Plonger les tomates 1 min dans l'eau bouillante, les éplucher et les couper en quartiers.
• Ajouter à la viande, le vin, les tomates, le thym, le laurier, la coriandre et une pointe de couteau de poivre de Cayenne, saler, poivrer et laisser mijoter à feu doux pendant au moins 1 h.

Au bout de 30 min de cuisson
• Préparer d'abord un *Riz pilaf* (recette p. 81).
• Puis fendre la banane en deux dans le sens de la longueur et la couper en tronçons de 2 cm.
• Enfin, quelques minutes avant de servir, faire chauffer dans une

poêle antiadhésive I cuil. à soupe d'huile d'olive, y mettre les œufs, saler, poivrer et les faire cuire au plat.
• Durant la cuisson, mettre le riz dans un plat creux et verser dessus le contenu de la cocotte.
• Enfin, faire glisser les œufs cuits selon le goût sur la préparation et décorer avec les bananes.

Bon à savoir
• *Même en semaine 2 du* Régime starter, *vous pouvez remplacer les pâtes par du riz.*
• *Les deux œufs sont aussi nourrissants que 80 g de viande.*
• *Le goût sucré de la banane donne une saveur très particulière à ce plat cubain, mais les diabétiques et les gens sujets à l'hypercholestérolémie s'abstiendront d'en manger : ce fruit ajouté à la viande ferait monter la glycémie des premiers et le cholestérol des seconds.*

Paleron braisé à la bière

N'oubliez pas d'adapter les quantités à votre cas ! (voir p. 34).

Préparation : 10 min – Cuisson : 2 h

Pour 2 personnes
340 g de paleron de bœuf à braiser
1 carotte
1 oignon
1/2 feuille de laurier
1 brin de thym
1 zeste d'orange
2 cuil. à soupe d'huile d'olive

1 cuil. à soupe de farine
1 cuil. à soupe de moutarde forte de Dijon
2 cuil. à café de vergeoise (sucre roux)
1 cuil. à café de vinaigre de xérès
25 cl de bière
Sel, poivre du moulin

• Demander au boucher de couper le paleron en tranches de 3 cm d'épaisseur.

• Dans une sauteuse, faire chauffer l'huile d'olive et mettre la viande à rissoler sur toutes ses faces. Saler, poivrer.

• Ajouter l'oignon émincé et la carotte coupée en rondelles.

• Quand les oignons sont transparents, ajouter la farine, remuer à feu vif pendant 1 min puis verser la bière et le vinaigre de xérès.

• Ajouter la vergeoise, la moutarde, le thym, le laurier et le zeste d'orange.

• Dès la première ébullition, baisser le feu, couvrir et laisser mijoter pendant 1 h 45.

• Servir avec des coquillettes ou d'autres pâtes au choix.

Magret de canard à la bière

N'oubliez pas d'adapter les quantités à votre cas ! (voir p. 34).

Préparation : 10 min – Cuisson : 7 min

Pour 2 personnes	Gros sel de Guérande
2 magrets de canard	Poivre du moulin
80 g de beurre	
35 cl de bière	**Matériel**
1 grosse échalote (ou 2 petites)	Saucier électrique

• Si vous avez la chance d'avoir un saucier électrique : verser la bière dans le saucier, y ajouter l'échalote hachée. Faire réduire à température maximale jusqu'à ce qu'il ne reste que 2 cuil. à café de liquide. Éteindre la source de chaleur et enlever la cuve pour la faire refroidir. Et si malheureusement vous ne disposez pas de saucier, armez-vous de courage, retroussez vos manches et réalisez cette sauce à la main !

• Prendre les magrets, inciser la peau en quadrillage.

• Placer le côté peau sur une poêle bien chaude, parsemer l'autre face du magret de gros sel de Guérande, poivrer.

• Couvrir la poêle d'un couvercle antiprojection pour éviter les éclaboussures de graisse et laisser cuire 5 min.

• Retourner les magrets, baisser le feu et cuire encore 2 ou 3 min suivant son goût.

• Remettre en place la casserole du saucier et la réchauffer en le réglant sur la position minimum.

• Ajouter petit à petit des noisettes de beurre jusqu'à consistance d'une sauce crémeuse.

• Servir sur des assiettes chaudes, en nappant les magrets de sauce.

• Accompagner de pâtes au choix.

Joue de bœuf aux anchois

N'oubliez pas d'adapter les quantités à votre cas ! (voir p. 34).

Préparation : 1 h 15 – **Cuisson :** 2 h 30

Pour 6 personnes	2 tranches de pain de campagne
1 kg de joue de bœuf	90 g de beurre
6 oignons	6 filets d'anchois à l'huile
2 gousses d'ail	2 cuil. à soupe d'huile d'olive
1 brin de thym	Sel, poivre du moulin

• Rincer les anchois sous l'eau courante, puis les mettre à tremper 1 h dans une bonne quantité d'eau froide à renouveler plusieurs fois.

• Préparer les anchois en filets en enlevant les arêtes et les éponger.

• Enlever la croûte des tranches de pain.

• Mixer les filets avec le beurre et un peu de poivre jusqu'à obtention d'une purée. L'étaler sur le pain.

• Préchauffer le four à 210 °C (th. 7).

• Couper la viande en lamelles.

• Éplucher et couper les oignons en rondelles puis détacher les anneaux.

• Verser l'huile dans une cocotte allant au four. Disposer une couche d'oignons, une couche de viande, les tartines, puis à nouveau une couche de viande et une d'oignons.

• Saler très légèrement, poivrer, parsemer de thym effeuillé, ajouter les gousses d'ail sans le germe épluchées et coupées en 2.

• Couvrir la cocotte et faire cuire 2 h 30.

• Accompagner de pâtes au choix.

Bœuf en daube

N'oubliez pas d'adapter les quantités à votre cas ! (voir p. 34).

Préparation : 10 min – **Cuisson :** 3 h 15

Pour 4 personnes	1 zeste d'orange taillé en languette de
680 g de gîte de bœuf	2 cm de large sur 10 cm de long
1 couenne de lard	1 noix muscade
3 oignons	4 baies de genièvre
3 gousses d'ail	1 bouteille de vin rouge
1 brin de thym	1 petite boîte de concentré de tomate
1 feuille de laurier	1/2 verre d'huile d'olive
2 brins de persil	Sel, poivre du moulin

• Découper la viande en morceaux réguliers, la faire revenir à l'huile d'olive lentement dans une sauteuse, sans laisser noircir l'huile.

• Lorsque la viande est dorée, étendre la couenne de lard au fond d'une cocotte, y placer les morceaux de viande.

• Mouiller avec le vin.

• Ajouter le concentré de tomate, les oignons émincés, l'ail non épluché, le brin de thym ficelé avec la feuille de laurier, le persil et le zeste d'orange.

• Saler, poivrer, ajouter une pincée de noix muscade râpée et les baies de genièvre.

• Faire partir la cuisson à gros bouillon pendant 10 min, couvrir, laisser ensuite mijoter 3 h à tout petit feu.

• La sauce doit être onctueuse. La réduire à feu vif sans couvercle si elle est trop liquide.

• Servir avec des pâtes au choix.

Salade de bœuf et coquillettes en vinaigrette à la tomate

N'oubliez pas d'adapter les quantités à votre cas ! (voir p. 34).

Préparation : 15 min – **Cuisson :** 15 à 18 min

Pour I personne	Sauce
150 g de bœuf cuit	I cuil. à soupe de vinaigre de vin
60 g de coquillettes	I cuil. à soupe d'huile d'olive
2 cuil. à soupe d'huile d'olive	I cuil. à soupe d'huile de colza
I cuil. à soupe de persil et ciboulette ciselés	I cuil. à café de moutarde
	1/2 cuil. à café de concentré de tomate
	I cornichon émincé

• Dans une grande casserole, faire bouillir 2 litres d'eau, saler et y plonger les coquillettes. Cuire à feu moyen pendant 15 à 18 min. Égoutter, arroser d'huile d'olive, égoutter à nouveau.

• Mélanger dans un bol les éléments de la vinaigrette. Bien l'émulsionner à l'aide d'un petit fouet ou d'une fourchette.

• Dans une boîte hermétique, placer 3 cuil. à soupe de coquillettes. Arroser de vinaigrette.

• Découper en dés le bœuf cuit. L'ajouter aux coquillettes et parsemer de ciboulette et de persil ciselés. Ajouter les lamelles de cornichon.

Figues à la cannelle

Pour 2 personnes   60 cl d'eau
6 figues fraîches   1 bâton de cannelle
1 orange (zeste)   250 g de sucre en poudre

• Dans une casserole mettre l'eau, le sucre, le zeste d'orange et la cannelle.

• Porter à ébullition sur feu vif et laisser bouillir 15 min sans couvrir la casserole.

• Pendant ce temps laver les figues, couper leurs queues et faire une incision en croix.

• Au bout de 15 min, les immerger dans le sirop, qu'on maintiendra frémissant 30 min à feu doux, puis laisser refroidir.

• Les sortir du sirop avant de les déguster.

Filets de cabillaud au cidre

N'oubliez pas d'adapter les quantités à votre cas ! (voir p. 39).

Préparation : 10 min – **Cuisson :** 20 min

Pour 2 personnes	1/2 l de cidre
340 g de filets de cabillaud	1 brin de thym
1 cuil. à soupe de crème fraîche	1/2 feuille de laurier
1 brin de céleri	2 brins de persil
1/2 poireau	Poivre concassé
1 carotte	Sel de Guérande
1 oignon coupé en rondelles	

• Préchauffer le four à 160 °C (th. 5-6).

• Dans un plat allant au four, disposer les rondelles d'oignon avec le céleri, la carotte et le 1/2 poireau coupés en tronçons d'1 cm.

• Poser les filets dessus, les parsemer de sel de Guérande et de poivre concassé.

• Ajouter le thym, le laurier et le persil et recouvrir de cidre.

• Mettre au four 20 min environ.

• Quand le poisson est cuit, le retirer du plat et le réserver au chaud.

• Faire réduire le jus de cuisson de moitié à feu vif puis le passer au chinois (passoire) et ajouter 1 cuil. à soupe de crème fraîche.

• Verser la sauce sur les filets de poisson et servir aussitôt accompagné de *Champignons à l'échalote* (recette p. 123) ou de légumes verts à tiges.

Églefin sauce gribiche à ma façon

N'oubliez pas d'adapter les quantités à votre cas ! (voir p. 39).

Préparation : 15 min – **Cuisson** : 8 min

Pour 2 personnes	20 g de beurre
340 g d'églefin	6 cornichons
	1 cuil. à soupe de jus de citron
Pour la sauce gribiche	Sel, poivre du moulin
1 œuf dur	

• Placer l'églefin dans un cuit-vapeur ou dans une passoire au-dessus d'un faitout d'eau bouillante, le saler légèrement et le faire cuire à la vapeur jusqu'à ce que la chair soit blanchie.

• Si l'on est pressé, on peut prendre des dos d'églefins surgelés et les plonger tout simplement, sans ouvrir leur sachets, 8 min dans l'eau bouillante.

• Faire la sauce gribiche : passer l'œuf dur à la moulinette. Couper en quatre les cornichons dans la longueur, les recouper en morceaux de 2 mm d'épaisseur.

• Dans une petite casserole, faire chauffer le beurre, y incorporer le jus de citron, l'œuf et les cornichons en mélangeant bien.

• Servir bien chaud en nappage sur le poisson.

• Accompagner d'une *Fondue de poireaux* (recette p. 122) ou d'autres légumes verts à tiges ou encore de champignons.

Bon à savoir
La sauce gribiche servira aussi à napper les poissons froids.

Raie au safran et aux petits légumes

N'oubliez pas d'adapter les quantités à votre cas ! (voir p. 39).

Préparation : 10 min – **Cuisson :** 20 min

Pour 2 personnes	1 petit oignon
340 g de raie	10 cl de fumet de poisson
250 g de petits légumes en brunoise	3 cuil. à soupe d'huile d'olive
(petits cubes) surgelés ou un mélange	15 g de beurre
de courgettes, navets, carottes, oignons	2 doses de safran
1 sachet de court-bouillon	Sel, poivre du moulin

• Dans une grande casserole d'eau, jeter le contenu du sachet de court-bouillon et porter à ébullition.

• Plonger les morceaux de raie dès que l'eau est bouillante et maintenir celle-ci frémissante pendant 10 min.

• Pendant ce temps, dans une petite casserole, faire chauffer 1 cuil. à soupe d'huile d'olive, y faire fondre l'oignon émincé finement sans le laisser prendre couleur.

• Ajouter le fumet de poisson, le safran et le beurre.

• Laisser mijoter 5 à 6 min. Sortir les morceaux de raie du court-bouillon, les égoutter, enlever la peau, les dresser dans deux assiettes chaudes et les napper de sauce.

• Faire chauffer dans une sauteuse ou une poêle, 2 cuil. à soupe d'huile d'olive, y jeter 4 bonnes cuil. à soupe de brunoise, les laisser à feu moyen à couvert pendant 5 à 6 min en remuant légèrement.

• Saler, poivrer.

Filets de rougets parfumés à l'aneth, à l'anis et au vinaigre de miel à l'ail

N'oubliez pas d'adapter les quantités à votre cas ! (voir p. 39).

Préparation : 10 min – **Cuisson :** 15 min

Pour 2 personnes	Vinaigrette
8 filets de rougets (340 g)	1 cuil. à soupe de vinaigre de miel
3 cuil. à soupe d'huile d'olive	à l'ail
1 cuil. à soupe de vinaigre de miel à l'ail	2 cuil. à soupe d'huile d'olive
2 cuil à café d'aneth	1 pincée d'aneth
2 graines d'anis	1 pincée d'anis en poudre
1 cuil. à café de paprika	Sel, poivre du moulin
Sel, poivre du moulin	

• Dans une poêle antiadhésive, faire chauffer 1 cuil. à soupe d'huile d'olive.

• Quand elle est bien chaude, y déposer les filets de rouget, la peau du côté de la poêle.

• Saler, poivrer, sur chaque filet, mettre 1 pincée de paprika, l'aneth et les graines d'anis.

• Retourner aussitôt les filets, saler, poivrer et mettre une pincée de paprika.

• Servir dans des assiettes chaudes.

• Napper les rougets de la vinaigrette préparée avec le vinaigre de miel à l'ail, le sel, le poivre, l'huile d'olive, la pincée d'aneth et la pincée d'anis en poudre.

• Servir avec du fenouil braisé ou un autre légume vert à tige ou encore des champignons.

Bon à savoir

Si vous n'avez pas trouvé de vinaigre de miel à l'ail, délayez 1/4 de gousse d'ail écrasée dans 1 cuil. à soupe de vinaigre de miel.

Filet de dorade au citron

N'oubliez pas d'adapter les quantités à votre cas ! (voir p. 39).

Préparation : 10 min – **Cuisson :** 15 min

Pour 2 personnes	1/2 feuille de laurier
340 g de filets de dorade	2 doses de safran
2 citrons	20 cl de vin blanc
3 gousses d'ail entières épluchées	2 cuil. à soupe de farine
1 brin de thym	1 cuil. à soupe d'huile d'olive

• Dans une poêle antiadhésive à fond épais, mettre le vin blanc, les citrons coupés en rondelles, les gousses d'ail, le thym et le laurier.
• Laisser frémir 5 min, ajouter 30 cl d'eau chaude, les 2 doses de safran et maintenir frémissant à feu très doux.
• Pendant ce temps, fariner les filets de dorade. Dans une poêle à feu vif, faire chauffer l'huile d'olive jusqu'à ce qu'elle devienne transparente. Y déposer les poissons et les faire rapidement dorer.
• Verser le bouillon sur les poissons, laisser frémir 5 min.
• Servir aussitôt avec des champignons de Paris ou des légumes verts à tiges.

Filets de merlan au citron et au cumin

N'oubliez pas d'adapter les quantités à votre cas ! (voir p. 39).

Préparation : 10 min – **Cuisson :** 10 min

Pour 2 personnes   1 cuil. à soupe de graines de cumin
340 g de filets de merlan   2 cuil. à soupe d'huile d'olive
1 citron (jus)   Sel, poivre du moulin
2 oignons

• Dans une poêle antiadhésive, verser l'huile d'olive. Quand elle est chaude, y faire fondre les oignons.

• Dès qu'ils deviennent transparents, ajouter le jus du citron, laisser cuire jusqu'à ce qu'ils prennent une légère couleur.

• Poser alors les filets de merlan, saler, poivrer et parsemer largement de graines de cumin.

• Cuire 1 min, puis retourner les poissons, ajouter à nouveau du cumin, saler et poivrer légèrement, et cuire encore 1 min environ suivant l'épaisseur des filets.

• Servir avec des *Champignons rosés à l'ail* (recette p. 124) ou des légumes verts à tiges.

Filets de grenadier sauce bordelaise à la purée de carottes

N'oubliez pas d'adapter les quantités à votre cas ! (voir p. 39).

Préparation : 15 min – **Cuisson :** 10 min

Pour 2 personnes	Sauce bordelaise
340 g de grenadier	10 cl de vin rouge
12 petites carottes	30 g de beurre
1 échalote hachée	1 échalote hachée
1 pincée de sucre en poudre	
1 cuil. à soupe de paprika en poudre	**Matériel**
2 cuil. à soupe d'huile d'olive	Éventuellement un saucier électrique
Sel, poivre du moulin	

• Éplucher les carottes et les couper en tronçons. Les faire cuire 30 min à l'eau bouillante salée.

• *Avec un saucier électrique*, le régler sur la température maximale, verser le vin et ajouter 1 échalote hachée. Laisser cuire jusqu'à disparition du liquide. Laisser ensuite refroidir le saucier.

• *Sans saucier électrique*, utiliser une casserole et faire réduire le vin et l'échalote en tournant bien à la cuillère. Laisser la casserole refroidir.

• Dans une poêle antiadhésive, faire chauffer l'huile d'olive, y ajouter la deuxième échalote hachée et lorsqu'elle commence à prendre couleur, déposer les morceaux de grenadier. Saler, poivrer et poudrer largement de paprika, laisser cuire 5 min puis les retourner.

• Dès que le poisson est parfaitement blanc, il est à point, l'entourer alors des carottes réduites en purée au moulin à légumes.

• Ajouter dans la casserole ou dans le saucier en position minimum le beurre en parcelles jusqu'à l'obtention d'une sauce onctueuse et ajouter 1 pincée de sucre, du sel et du poivre.

• Napper les poissons avec la sauce et servir aussitôt.

Bon à savoir

Les carottes constituent la garniture du plat, même si en semaine 2 du Régime starter *on propose d'accompagner le poisson de légumes verts à tiges ou de champignons. Cet « écart » n'aura aucune incidence sur votre régime.*

Fondue de poireaux

N'oubliez pas d'adapter les quantités à votre cas ! (voir p. 40).

Préparation : 20 min – **Cuisson :** 30 min

Pour 2 personnes   2 cuil. à café d'aneth
4 petits poireaux   Sel, poivre du moulin
15 g de beurre

• Émincer les poireaux : après avoir coupé les extrémités pour les débarrasser des parties sales ou abîmées, les tailler en fines lanières de 4 cm de long sur 3 mm de large avec la pointe d'un couteau.
• Faire fondre ensuite 15 g de beurre, y mettre les poireaux, saler légèrement, poivrer et parsemer d'aneth, ajouter 2 cuil. à soupe d'eau et laisser cuire 10 min à feu doux en remuant sans laisser prendre couleur. Saler et poivrer.

Champignons à l'échalote

N'oubliez pas d'adapter les quantités à votre cas ! (voir p. 40).

Préparation : 10 min – **Cuisson :** 8 à 10 min

Pour 2 personnes
200 g de champignons de Paris
2 échalotes
25 g de beurre

1 cuil. à soupe d'huile d'olive
3 brins de persil plat
Sel, poivre du moulin

• Dans une poêle, faire fondre le beurre avec l'huile d'olive.
• Quand le mélange est chaud, y faire revenir· les 2 échalotes hachées.
• Quand elles sont transparentes, ajouter les champignons coupés en lamelles. Saler et poivrer.
• Faire cuire à feu vif en remuant de temps en temps jusqu'à évaporation de l'eau rendue par les champignons.
• Au moment de servir, parsemer de persil haché.

Poêlée de champignons de Paris rosés à l'ail

N'oubliez pas d'adapter les quantités à votre cas ! (voir p. 40).

Préparation : 10 min – **Cuisson :** 7 min

Pour 2 personnes	1 cuil. à soupe de persil plat haché
200 g de champignons de Paris	1 cuil. à soupe d'huile d'olive
1 échalote hachée	10 g de beurre
1/2 gousse d'ail	Sel, poivre du moulin

• Éplucher les champignons, les laver rapidement à l'eau vinaigrée et les couper en morceaux.

• Dans une poêle, faire chauffer l'huile et le beurre, y faire fondre l'échalote puis ajouter les champignons, l'ail et la moitié du persil. Saler et poivrer.

• Quand les champignons ont rendu leur eau, parsemer du reste de persil. Servir aussitôt.

Fricassée de girolles

N'oubliez pas d'adapter les quantités à votre cas ! (voir p. 40).

Préparation : 15 min – **Cuisson :** 12 min

Pour 2 personnes
200 g de girolles
1 échalote hachée
1 cuil. à soupe de persil plat haché
6 brins de ciboulette ciselée

10 cl de vin blanc sec
1 cuil. à soupe d'huile d'olive
10 g de beurre
Sel, poivre du moulin

• Couper le bout terreux des girolles et les nettoyer à l'aide d'une brosse souple en ne les passant à l'eau que si elles sont très sales et ne surtout pas les laisser y séjourner.

• Dans une sauteuse, faire fondre le beurre, y faire sauter l'échalote hachée à feu vif, ajouter les champignons et les faire sauter pendant 1 min. Saler, poivrer et baisser le feu.

• Verser le vin blanc et l'huile d'olive, couvrir et laisser frémir 10 min.

• Mettre dans des assiettes et parsemer de persil et de ciboulette.

SEMAINE 3

Votre programme personnel

SEMAINE 3

PETIT DÉJEUNER

Le fromage

Pour cette troisième semaine, vous allez pouvoir choisir entre deux familles de fromages : les **fromages à pâte persillée** (de vache ou de brebis) et les **fromages de chèvre**.

.... g (consultez les quantités recommandées selon votre taille, p. 29).

Fromages à pâte persillée, de vache ou de brebis :
• fourme d'Ambert ou de Montbrison ;
• bleu d'Auvergne ;
• bleu de Gex ;
• roquefort.

Fromages de chèvre :
• crottin de Chavignol ;
• lingot ardéchois ;
• rocamadour.

Vous pouvez choisir le même fromage pour toute la semaine, ou en choisir un différent pour chaque matin, ou encore faire un assortiment de ces fromages pour toute la semaine.

Le pain

.... g (consultez les quantités recommandées selon votre taille, p. 31).

Le meilleur des pains pour supporter ces robustes fromages sera le pain Poilâne, légèrement grillé.

L'huile d'olive

1 cuil. à soupe d'huile d'olive (quantité valable pour tous)
• de l'huile d'olive naturelle, pour accompagner les fromages à pâte persillée ;
• de l'huile d'olive aromatisée, pour accompagner les fromages de chèvre.

Les boissons

À volonté, mais sans lait, ni sucre, ni miel, ni édulcorant.
• café ;
• thé ;
• tisane ;
• eau plate ou pétillante.

Le complément alimentaire

2 gélules d'un complexe polyvitaminé (voir p. 194).

Idée recette

Crottin de Chavignol
rôti aux pommes de terre, p. 138

Dans ce cas, la recette constitue
à elle seule le petit déjeuner.

DÉJEUNER

La viande

C'est la semaine des **abats**.

Boudin noir, andouillette, foie, rognons, langue, ris de veau, cœur... À toutes les sauces, à condition de ne pas consommer plus de 2 cuil. à soupe de sauce

.... g (consultez les quantités recommandées selon votre taille, p. 34).

Si l'on n'aime pas les abats, on peut les remplacer par de la **viande rouge braisée**.

Suggestions de la semaine :

À consommer à la maison ou à emporter au bureau (si vous avez accès à un four à micro-ondes)
• Andouillette à la bière, recette p. 139.
• Foie de veau au lard, recette p. 140.
• Foie de veau poêlé au vinaigre de framboise, recette p. 141.
• Aumônière de ris de veau, recette p. 142.
• Rognonnade au vin blanc, recette p. 143.
• Salade de foies de volailles et pommes de terre à l'estragon, recette p. 144.

À emporter au bureau (à consommer froid)
• Salade de foies de volailles et pommes de terre à l'estragon, recette p. 144.
• Salade composée : dés de foie de veau, petits oignons revenus, pommes de terre, vinaigrette au vinaigre de miel.
• Salade composée : dés de foie de veau, lamelle de jambon de pays, pommes de terre, vinaigrette au vinaigre de cidre.

Au restaurant ou à la cantine
• Vous pouvez choisir parmi toutes les recettes d'abats.
• Si vraiment vous ne supportez pas les abats, remplacez-les par la même quantité de viande rouge braisée. Mais attention de ne consommer que la quantité recommandée pour votre taille. Et accompagnez votre plat du féculent recommandé pour cette troisième semaine : les pommes de terre.

Les féculents

C'est la semaine des **pommes de terre.**

Sautées, cuites à la vapeur ou à l'eau, vous ne vous lasserez pas des pommes de terre.

.... cuil. à soupe (consultez les quantités recommandées selon votre taille, p. 35.

Suggestions de la semaine :
• pommes de terre vapeur ;
• pommes de terre en robe des champs ;
• purée de pommes de terre ;
• pommes de terre sautées à la graisse d'oie ;
• pommes de terre sautées à l'échalote.

Idée recette

Purée de pommes de terre
aux amandes, p. 145
Pommes de terre à la sarladaise, p. 146
Gratin dauphinois, p. 147

La boisson
3 grands verres d'eau ;
en plus, vous pouvez boire I café, I thé ou I tisane.

GOÛTER

Les quantités du goûter sont valables pour tous, quelle que soit la taille.

Juste avant le goûter
1 barre de protéines ou 1 sachet de protéines (voir p. 194) dilué dans 1 verre d'eau.

Les gras végétaux

C'est la semaine des **olives** de toutes sortes.

2 cuil. à soupe d'olives.

Toutes les variétés sont possibles :
• olives noires ;
• olives vertes ;
• olives violettes ;
• olives à la grecque ;
• olives à la tahitienne ;
• olives au cumin ;
• olives aux épices ;
• olives à la coriandre.

Vous pouvez remplacer les olives :
• par **1 cuil. à soupe d'huile de colza, de noix ou de noisette,** très agréable à boire si l'on prend soin d'y ajouter 3 ou 4 gouttes de vinaigre balsamique ;
• ou par **30 g de chocolat noir** !

Les fruits et dérivés sucrés

C'est la semaine des **fruits secs.**

1/2 petit bol chinois (soit 12,5 cl) de fruits secs.

Suggestions de la semaine :
- figues ;
- pruneaux ;
- dattes ;
- abricots ;
- raisins secs ;
- cocktail de fruits secs exotiques.

Idée recette

**Méli-mélo de fruits secs au miel
et au chocolat, p. 148**

Dans ce cas, la recette couvre les besoins
en gras végétaux et en fruits.

La boisson
1 grand verre d'eau.

DÎNER

La viande

Cette semaine, **viande blanche** au menu du dîner.

Cette semaine, nous vous proposons de la viande blanche pour le soir (histoire de ne pas vous donner l'impression fâcheuse qu'il va finir par vous pousser des écailles à force de manger du poisson tous les soirs !) : volailles, lapin ou veau. À toutes les sauces, à condition de ne pas consommer plus de 2 cuil. à soupe de sauce.

.... g (consultez les quantités recommandées selon votre taille, p. 40).

Suggestions de la semaine :
- Lapin à la provençale, recette p. 149.
- Cuisse de lapin au vinaigre de miel, recette p. 150.
- Poulet au thym, recette p. 151.
- Cuisse de poulet au vinaigre, recette p. 152.
- Escalope de dinde au gingembre et à la noix de coco, recette p. 153.
- Sauté de dinde aux lardons et à la sauge, recette p. 154.
- Poulet au citron, recette p. 155.

Les légumes verts

C'est la semaine des **légumes fruits** ou **légumes fleurs.**

Parmi lesquels : tomate, poivron, artichaut...

··········· cuil. à soupe (consultez les quantités recommandées selon votre taille, p. 40).

Suggestions de la semaine :
- tomates ;
- artichauts ;
- fonds d'artichaut ;
- caviar d'aubergine ;
- concombres ;
- courgettes ;
- chou-fleur.

Idée recette

Tomates à la provençale, p. 156.
Courgettes sautées, p. 157.
Courgettes à l'orientale, p. 158.

La boisson
3 grands verres d'eau.

SEMAINE 3

(Photocopiez cette page et inscrivez le jour de la semaine)

PETIT DÉJEUNER

• **Fromage**
...... g de ....
ou ...... g de la recette ....

• **Pain**
...... g de pain ....

• **Huile d'olive**
1 cuil. à soupe d'huile d'olive (nature, pimentée, aromatisée...).

• **Boisson**
....

• **Complément alimentaire**
2 gélules d'un complexe polyvitaminé (voir p. 194).

DÉJEUNER

• **Viande**
...... g de (abats) ....
ou ...... g de la recette ....

• **Féculents**
...... cuil. à soupe de pommes de terre ....
ou ...... cuil. à soupe de la recette ....

- **Boisson**
3 grands verres d'eau ;
Éventuelle boisson supplémentaire ....

GOÛTER

- **Juste avant le goûter**
I barre de protéines ou I sachet de protéines (voir p. 194).

- **Gras végétal**
2 cuil. à soupe d'olives au choix ....
ou I cuil. à soupe d'huile de colza, huile de noix ou huile de noisette

- **Fruit**
1/2 petit bol chinois (soit 12,5 cl) de fruits secs ....

DÎNER

- **Viande blanche**
...... g de ....
ou ...... g de la recette ....

- **Légumes verts**
...... cuil. à soupe de (légumes fruits ou fleurs) ....
ou ...... cuil. à soupe de la recette ....

- **Boisson**
3 grands verres d'eau ;
Éventuelle boisson supplémentaire ....

Crottin de Chavignol rôti aux pommes de terre

N'oubliez pas d'adapter les quantités à votre cas ! (voir p. 29).

Dans ce cas, la recette couvre les besoins en fromage, en gras (remplace l'huile d'olive) et en pain.

Préparation : 10 min – **Cuisson :** 8 min

Pour 1 personne
1 crottin de Chavignol coupé en tranches
1 Röstiko's (galettes préfrites de pommes de terre râpées avec oignons) chez Picard surgelés
10 g de beurre
1 cuil. à café d'huile d'olive

• Dans une petite poêle antiadhésive faire fondre le beurre. Dès qu'il est transparent, y mettre à saisir à feu vif la galette sur ses deux faces pendant 4 ou 5 min, jusqu'à ce que chacune soit bien rissolée.
• Mettre la galette dans une petite assiette, poser par-dessus les tranches de crottin et enfourner dans un four à micro-ondes.
• Faire cuire 4 à 8 min à puissance maximale jusqu'à ce que le fromage soit bien coulant.

Bon à savoir
• *Le goût et la texture du crottin de Chavignol changent avec les saisons. Au printemps, il est moelleux et légèrement acidulé. Sa saveur se prononce quand les saisons avancent en même temps qu'il durcit pour devenir très sec en hiver. On peut d'ailleurs le faire vieillir dans le vin blanc ou l'eau de vie, ce qui exalte encore plus son goût.*
• *Les Röstiko's tiennent lieu de pain. Les pommes de terre Röstiko's peuvent également être remplacées par des pommes paillasson, également chez Picard.*

Andouillettes à la bière

N'oubliez pas d'adapter les quantités à votre cas ! (voir p. 34).

Préparation : 2 min – **Cuisson :** 20 min

Pour 2 personnes	1 cuil. à soupe de moutarde forte de
4 andouillettes	Dijon
1 échalote	10 cl de bière ambrée ou rousse
1 cuil. à soupe d'huile d'olive	

- Dans une poêle antiadhésive, mettre à chauffer l'huile d'olive puis faire fondre l'échalote hachée.
- Percer les andouillettes à la fourchette et les mettre dans la poêle quand l'échalote est transparente. Tartiner de moutarde, arroser avec la bière puis couvrir.
- Laisser cuire 10 min. Les retourner, laisser cuire 5 min.
- Accompagner d'une purée de pommes de terre.

Foie de veau au lard
et à la fondue d'oignons

N'oubliez pas d'adapter les quantités à votre cas ! (voir p. 34).

Préparation : 10 min – **Cuisson :** 1 h 25

Pour 2 personnes	1 cuil. à soupe d'huile d'olive
340 g de foie de veau	1 gousse d'ail
80 g de lard fumé en dés	1 brin de thym
300 g d'oignons	1 feuille de laurier
20 g de beurre	Sel, poivre du moulin

• Dans une cocotte, faire chauffer le beurre et l'huile d'olive et y faire revenir les lardons, les retirer quand le gras devient transparent et les remplacer par les tranches de foie de veau.
• Faire dorer celles-ci à feu vif sur les deux faces puis les retirer également.
• Placer alors dans la cocotte les oignons émincés, le thym, le laurier et la gousse d'ail écrasée et débarrassée de son germe, saler et poivrer.
• Laisser cuire à feu doux à couvert pendant 1 h.
• Lorsque les oignons sont réduits en purée remettre les lardons et poser les tranches de foie dessus. Laisser mijoter à feu très doux pendant 15 min.
• Servir les tranches de foie sur des assiettes chaudes, nappées de la purée d'oignons.
• Accompagner d'une *Purée de pommes de terre aux amandes* (recette p. 145).

Foie de veau poêlé au vinaigre de framboise

N'oubliez pas d'adapter les quantités à votre cas ! (voir p. 34).

Préparation : 10 min – **Cuisson :** 15 à 20 min

Pour 2 personnes	1 cuil. à café de thym
340 g de foie de veau	1/2 feuille de laurier
1 petit oignon coupé en rondelles fines	1 cuil. à soupe de vinaigre de framboise
1 échalote hachée	2 cuil. à soupe d'huile d'olive
1 gousse d'ail	Sel, poivre du moulin

• Dans une poêle antiadhésive faire chauffer à feu vif l'huile, y faire frire les rondelles d'oignon. Dès qu'elles sont dorées, les réserver sur une assiette.

• Mettre les tranches de foie dans la poêle et les faire cuire à feu moyen environ 4 min de chaque côté. Saler, poivrer, les réserver sur une assiette, les recouvrir de papier aluminium pour les maintenir au chaud.

• Dans la même poêle, faire fondre l'échalote avec l'ail débarrassé de son germe et pressé. Ajouter le vinaigre, le thym, le laurier et cuire 2 min en remuant puis remettre le foie juste le temps de réchauffer.

• Servir le foie bien chaud et son fond de sauce avec des pommes de terre cuites à la vapeur saupoudrées de gros sel de Guérande, de poivre mignonnette et parsemées de persil plat ciselé.

Aumônière de ris de veau

N'oubliez pas d'adapter les quantités à votre cas ! (voir p. 34).

Préparation : 20 min – **Cuisson :** 30 min

Pour 2 personnes	1/3 de litre de lait
340 g de ris de veau	1 cuil. à soupe de beurre
4 crêpes au sarrasin	1 cuil. à soupe de farine
200 g de champignons de Paris rosés	1 bouillon cube de bœuf
4 lanières de poireau	1 cuil. à soupe d'huile d'olive
1 échalote	1 cuil. à soupe de madère
1/2 citron (jus)	Sel, poivre du moulin
60 g de gruyère râpé	

• Faire cuire les ris de veau : dans une grande casserole, faire chauffer 2 litres d'eau, y jeter le cube de bouillon et verser 1 cuil. à soupe de madère. Quand l'eau frémit, plonger le ris de veau pendant environ 15 min.

• Le sortir, l'égoutter et l'émincer en gros dés.

• Pendant la cuisson des ris de veau, préparer les champignons : dans une poêle, mettre l'huile d'olive et faire revenir les champignons avec l'échalote hachée puis verser le jus de citron en fin de cuisson.

• Préparer la béchamel : dans une casserole, faire fondre le beurre, ajouter la farine et bien tourner pour éviter les grumeaux puis verser le lait d'un seul coup. Tourner au fouet jusqu'à épaississement. Y verser les champignons et les ris de veau.

• Réaliser les aumônières : poser les crêpes au sarrasin bien à plat. Les parsemer de fromage râpé et déposer sur chacune le mélange béchamel, champignons et ris de veau. Rassembler soigneusement chaque crêpe en bourse et lier celle-ci avec une lanière de poireau plongée dans une casserole d'eau bouillante pendant 1 min.

• Réchauffer au micro-ondes 3 min à puissance maximale.

Bon à savoir

Ce plat se suffit à lui-même et n'a besoin d'aucun accompagnement, les crêpes de sarrasin et les champignons suffisant largement à en tenir lieu.

Rognonnade au vin blanc

N'oubliez pas d'adapter les quantités à votre cas ! (voir p. 34).

Préparation : 5 min – **Cuisson :** 1 h

Pour 2 personnes 1/2 feuille de laurier
1 rôti de veau de 340 g 8 cl de vin blanc sec
1/2 rognon de veau Sel, poivre du moulin
2 brins de thym

• Demander à votre boucher de lier ensemble le 1/2 rognon et le rôti de veau, bardés puis ficelés pour réaliser la rognonnade.
• Dans un plat allant au four (en Pyrex ou en terre) déposer la rognonnade avec le thym et le laurier. Saler, poivrer et verser la moitié du vin blanc.
• Mettre au four préchauffé à 225 °C (th. 7-8).
• Au bout de 30 min, verser le reste de vin blanc sur le rôti puis laisser cuire encore 30 min.
• Mettre à réduire le jus de cuisson.
• Pour découper ce rôti, ôter les ficelles avant de couper le rôti et disposer les tranches sur deux assiettes chaudes.
• Napper du jus réduit.
• Servir avec des pommes de terre vapeur.

Salade de foies de volailles et pommes de terre à l'estragon

N'oubliez pas d'adapter les quantités à votre cas ! (voir p. 34).

Préparation : 15 min – **Cuisson :** 30 min

Pour 1 personne	Vinaigrette
75 g de foies de volailles	1 cuil. à soupe de vinaigre de xérès
75 g de foie de veau	1 cuil. à soupe d'huile d'olive
20 g de poitrine fumée coupée en dés	1 cuil. à soupe d'huile de colza
(facultatif : remplacer par 20 g	1/2 cuil. à café de moutarde
de foie gras en dés)	à l'estragon
2 pommes de terre	
Persil haché	
Cerfeuil haché	
Sel, poivre du moulin	

• Éliminer toute trace de veine et de fiel des foies de volaille.
• Dans une petite poêle antiadhésive, faire dorer les dés de poitrine fumée (ou de foie gras), réserver sur du papier absorbant.
• Faire dorer les foies de volaille dans la même poêle antiadhésive pendant 1 à 2 min de chaque côté. Ils doivent être rosés au cœur. Saler et poivrer. Débarrasser sur une assiette.
• Fariner le foie de veau. Ajouter 1 cuil. à café d'huile d'olive dans la poêle et cuire 3 min de chaque côté. Saler et poivrer. Couper en morceaux.
• Placer dans une casserole d'eau froide les pommes de terre et porter à ébullition. Faire cuire pendant 20 min. Égoutter, éplucher et couper les pommes de terre en dés.
• Dans une boîte hermétique, placer les dés de pommes de terre, les foies de volailles, les dés de foies de veau et les dés de poitrine fumée (ou de foie gras).
• Arroser de vinaigrette et parsemer de persil et cerfeuil hachés.

Purée de pommes de terre aux amandes

N'oubliez pas d'adapter les quantités à votre cas ! (voir p. 35).

Préparation : 20 min – **Cuisson :** 30 min

Pour 2 personnes	50 g d'amandes effilées
250 g de pommes de terre bintje	30 g de poudre d'amande
10 cl de lait	Noix muscade râpée
25 g de beurre + un peu pour le plat	Sel

• Éplucher les pommes de terre, les couper en quatre, les laver et les mettre dans une casserole, les recouvrir d'eau froide, saler et faire cuire à feu moyen pendant 20 min.
• Préchauffer le four à 200 °C (th. 6-7).
• Quand les pommes de terre sont cuites, les égoutter, les écraser au moulin à légumes ou à la fourchette, délayer avec le lait chaud et 15 g de beurre (ou 1 cuil. à soupe bombée de crème fraîche).
• Incorporer 20 g de poudre d'amande et la pointe d'un couteau de noix muscade râpée. Mélanger le tout.
• Répartir dans 2 petits plats individuels beurrés et saupoudrer de poudre d'amande restante.
• Faire fondre 10 g de beurre dans une poêle, y faire sauter vivement les amandes effilées et les disposer sur le dessus des plats.
• Faire cuire au four 5 min, puis 3 min sous le gril. Les amandes doivent être bien dorées.
• Sortir du four et servir.

Pommes de terre à la sarladaise

N'oubliez pas d'adapter les quantités à votre cas ! (voir p. 35).

Préparation : 5 min – **Trempage :** 1 h – **Cuisson :** 35 min

Pour 2 personnes
6 petites pommes de terre à chair ferme (belles de Fontenay, BF 15, bintje, ou roseval)

2 cuil. à soupe de graisse de canard
Noix muscade râpée
Sel, poivre du moulin

- Éplucher les pommes de terre, les couper en dés et les mettre à tremper 1 h dans l'eau froide, puis les égoutter et les sécher dans un torchon.
- Dans une poêle antiadhésive, faire chauffer la graisse de canard.
- Dès qu'elle est très liquéfiée, y jeter les dés de pommes de terre, saler, poivrer, saupoudrer d'une pincée de noix muscade. Laisser mijoter environ 35 min.
- Quand les pommes de terre sont dorées, vérifier qu'elles sont bien moelleuses et servir.

Bon à savoir
Vous pouvez remplacer la noix muscade par un hachis d'ail et de persil. C'est une affaire de goût !

Gratin dauphinois

N'oubliez pas d'adapter les quantités à votre cas ! (voir p. 35).

Préparation : 20 min – **Cuisson :** 40 min

Pour 4 personnes
1 kg de pommes de terre
20 cl de crème fleurette
1/2 gousse d'ail

30 g de beurre
Noix muscade râpée
Sel, poivre du moulin

• Éplucher les pommes de terre, les rincer, les essuyer et les découper en fines rondelles.
• Dans une casserole, mettre les rondelles de pommes de terre avec la crème fleurette, l'ail écrasé, 2 pincées de noix muscade râpée, le sel et le poivre. Faire cuire 20 min.
• Préchauffer le four à 210 °C (th. 7).
• Beurrer un plat à gratin, le remplir de la préparation. Parsemer la surface de noisettes de beurre.
• Enfourner pour 20 min.
• Servir dans le plat de cuisson.

Méli-mélo de fruits secs au miel et chocolat

Préparation : 5 min

Pour 1 personne   1 cuil. à soupe de miel
1 ramequin de fruits secs variés   30 g de chocolat noir râpé

- Dans le ramequin mettre les fruits secs et le miel.
- Saupoudrer de chocolat râpé.

Bon à savoir

- *Dans ce cas, bien qu'en semaine 3 du* Régime starter, *supprimez les olives car le chocolat vous apporte le gras végétal nécessaire à votre organisme.*
- *Ce goûter peut se manger froid ou chaud, passé 2 min au four à micro-ondes en position maximale.*

Lapin à la provençale

N'oubliez pas d'adapter les quantités à votre cas ! (voir p. 40).

Préparation : 15 min – **Cuisson :** 50 min

Pour 2 personnes	
2 belles cuisses de lapin	1 grosse cuil. à soupe de basilic surgelé ou lyophilisé
6 tomates	1 gousse d'ail débarrassée de son germe
1 échalote	2 cuil. à soupe d'huile d'olive
1/2 bouquet de basilic frais ou	Sel, poivre du moulin

- Dans une sauteuse ou une cocotte, faire chauffer l'huile d'olive, y faire dorer les cuisses sur chaque face.
- Ajouter l'échalote hachée, la gousse d'ail écrasée et les tomates coupées en quatre.
- Saler, poivrer et parsemer de basilic haché dont on aura gardé quelques feuilles, s'il est frais.
- Couvrir la sauteuse et faire cuire 45 min à feu doux.
- Servir dans un plat chaud. Couper grossièrement les feuilles de basilic restantes sur le dessus du plat.
- Les légumes du plat constituent la garniture.

Cuisse de lapin au vinaigre de miel

N'oubliez pas d'adapter les quantités à votre cas ! (voir p. 40).

Préparation : 5 min – **Cuisson :** 55 min

Pour 2 personnes	1/2 feuille de laurier
2 belles cuisses de lapin	4 cuil. à soupe de vinaigre de miel
2 échalotes hachées	2 cuil. à soupe d'huile d'olive
1 brin de thym	Sel, poivre du moulin

• Dans une cocotte, faire chauffer l'huile et y faire dorer les cuisses de lapin sur toutes les faces, à feu vif.

• Quand elles sont bien dorées, baisser le feu, ajouter les échalotes et dès qu'elles sont translucides, verser le vinaigre.

• Laisser réduire, saler, poivrer, déposer le thym et le laurier, ajouter 1/2 verre d'eau.

• Couvrir, laisser cuire pendant 45 min à feu moyen.

• Surveiller l'évaporation et rajouter un peu d'eau si nécessaire.

• Servir sur des assiettes chaudes.

• Accompagner de Courgettes sautées (recette p. 157), de fonds d'artichauts ou d'un autre légume fruit ou légume à tige.

Poulet au thym

N'oubliez pas d'adapter les quantités à votre cas ! (voir p. 40).

Préparation : 5 min – **Cuisson :** 5 à 6 min

Pour 2 personnes 1/2 citron (jus)
2 escalopes de poulet 1 cuil. à café de thym effeuillé
30 g de beurre Sel, poivre du moulin

• Dans une poêle, faire fondre le beurre sans le laisser brunir.
• Pendant ce temps, rouler les escalopes dans le thym.
• Les déposer dans la poêle, saler et poivrer.
• Laisser cuire 3 min d'un côté.
• Verser le jus de citron dessus et les retourner pour terminer la cuisson 2 à 3 min selon leur épaisseur.
• Servir avec des courgettes ou un autre légume fruit ou légume à tige.

Cuisse de poulet au vinaigre

N'oubliez pas d'adapter les quantités à votre cas ! (voir p. 40).

Préparation : 15 min – **Cuisson :** 30 à 35 min

Pour 2 personnes	1 cuil. à soupe de concentré de tomate
2 belles cuisses de poulet	1 cuil. à café de moutarde forte de Dijon
4 carottes	1 cuil. à café de farine
10 oignons grelots	20 g de beurre
1 grosse échalote	15 cl de crème fraîche
1 gousse d'ail	Sel, poivre du moulin
5 cl de vinaigre de vin	
(ou vinaigre de Xérès)	

• Hacher l'échalote. Couper les carottes en rondelles.

• Dans une cocotte, faire fondre le beurre et faire revenir les cuisses de poulet, saler et poivrer.

• Lorsque les morceaux sont dorés des deux côtés ajouter les échalotes, les carottes, la gousse d'ail en chemise (c'est-à-dire avec sa peau) et les oignons épluchés.

• Couvrir la cocotte et faire cuire durant 10 min.

• Verser la moitié du vinaigre, couvrir à nouveau et poursuivre la cuisson pendant 10 à 15 min suivant la taille des morceaux de poulet.

• Sortir les morceaux de volaille de la cocotte et ajouter le reste du vinaigre.

• Dans un petit bol, mélanger la farine, la moutarde et le concentré de tomate avec 3 cuil. à soupe d'eau. Verser le mélange dans la cocotte et bien remuer. Continuer la cuisson pendant 5 min.

• Ajouter la crème et faire épaissir la sauce durant 2 ou 3 min en remuant bien.

• Remettre les cuisses de poulet pour les réchauffer avant de servir le tout.

• Les légumes du plat constituent la garniture.

Escalope de dinde au gingembre et à la noix de coco

N'oubliez pas d'adapter les quantités à votre cas ! (voir p. 40).

Préparation : 10 min – **Cuisson :** 8 min

Pour 2 personnes
2 belles escalopes de dinde
1 jaune d'œuf
15 g de beurre
1 cuil. à café bombée de gingembre frais râpé

30 g de noix de coco râpée
1 cuil. à soupe d'huile d'olive
Sel, poivre du moulin

• Dans une assiette, battre à la fourchette le jaune d'œuf avec 1 cuil. à café d'eau froide, puis ajouter le gingembre et mélanger.

• Dans une deuxième assiette, verser la noix de coco râpée.

• Mettre à chauffer l'huile et le beurre dans une poêle antiadhésive.

• Rouler les escalopes dans le jaune d'œuf au gingembre, puis dans la noix de coco et les déposer dans la poêle.

• Saisir à feu vif, saler, poivrer et laisser cuire à feu doux 3 min de chaque côté.

• Accompagner de courgettes ou d'un autre légume fruit ou légume à tige.

Sauté de dinde aux lardons
et à la sauge

N'oubliez pas d'adapter les quantités à votre cas ! (voir p. 40).

Préparation : 10 min – **Cuisson :** 40 à 50 min

Pour 2 personnes	1 cuil. à café de feuilles de sauge
2 belles escalopes de dinde	séchées (ou 6 feuilles fraîches)
100 g de petits lardons fumés	2 cuil. à soupe d'huile d'olive
et découennés	1 cuil. à soupe de farine
1 oignon moyen	1/2 litre de bouillon de volaille
3 brins de thym	(1 cube dans 25 cl d'eau bouillante)
1 feuille de laurier	Poivre du moulin
1/2 cuil. à café de marjolaine (origan)	

• Dans une sauteuse antiadhésive à fond épais, faire chauffer l'huile d'olive à feu vif et mettre à dorer les morceaux de dinde sur toutes les faces.

• Ajouter les lardons, les faire dorer, puis baisser le feu.

• Émincer finement l'oignon, le verser dans la cocotte et dès qu'il est transparent, ajouter la farine.

• Remuer le tout, verser le bouillon et remuer à nouveau. Ajouter les aromates, poivrer mais ne surtout pas saler à cause du bouillon qui l'est déjà.

• Couvrir la sauteuse et laisser mijoter 35 à 45 min.

• Servir avec des fonds d'artichauts ou un autre légume fruit ou légume à tige.

Poulet au citron

N'oubliez pas d'adapter les quantités à votre cas ! (voir p.40).

Préparation : 5 min – **Cuisson :** environ 12 min

Pour 2 personnes   15 g de beurre
2 belles escalopes de poulet   Sel, poivre du moulin
1 citron (jus)

• Dans une poêle, faire fondre 15 g de beurre sans le laisser brunir, à feu vif, y déposer les escalopes pour les saisir.
• Baisser le feu, saler et poivrer légèrement.
• Retourner les escalopes, saler, poivrer à nouveau et verser le jus de citron.
• Servir aussitôt avec des *Courgettes sautées* (p. 157) ou un autre légume fruit ou légume à tige.

Tomates à la provençale

N'oubliez pas d'adapter les quantités à votre cas ! (voir p. 40).

Préparation : 10 min – **Cuisson :** 6 à 8 min

Pour 2 personnes   1 gousse d'ail
4 tomates fermes   1 cuil. à soupe d'huile d'olive
2 cuil. à café de persil plat haché   Sel, poivre du moulin

- Laver les tomates, les essuyer. Les couper en deux et les épépiner.
- Dans une poêle, faire chauffer l'huile d'olive. Quand elle est chaude, y déposer les tomates, le côté chair sur la poêle. Laisser dorer les tomates sur feu doux, puis les retourner.
- Saler, poivrer et parsemer de persil haché et d'ail écrasé.
- Faire chauffer encore quelques instants avant de servir.

Courgettes sautées

N'oubliez pas d'adapter les quantités à votre cas ! (voir p. 40).

Préparation : 10 min – **Cuisson :** 15 à 20 min

Pour 2 personnes	1 cuil. à soupe de graines de coriandre
3 courgettes moyennes	1 cuil. à soupe d'huile d'olive
1 oignon	Sel, poivre du moulin
1 brin de thym	

• Laver les courgettes, après en avoir ôté les deux extrémités, les couper en quatre dans la longueur puis en petits dés. Émincer l'oignon.

• Dans une sauteuse, faire revenir l'oignon émincé. Dès qu'il commence à prendre couleur, ajouter les dés de courgettes. Mélanger et laisser cuire à couvert pendant 10 min.

• Ajouter le thym et les graines de coriandre. Saler, poivrer. Continuer la cuisson à découvert 5 à 10 min.

• Servir bien chaud.

Courgettes à l'orientale

N'oubliez pas d'adapter les quantités à votre cas ! (voir p. 40).

Préparation : 15 min – **Cuisson :** 45 min

Pour 6 personnes	1 racine de gingembre de 8 cm râpée
500 g de courgettes	1 pincée de coriandre en poudre
1 kg de tomates épluchées et épépinées	1 cuil. à café de cumin en poudre
3 oignons émincés	1/2 cuil. à café de chili en poudre
2 gousses d'ail	Sel. poivre du moulin

• Laver les courgettes, ôter les extrémités. Les couper en deux dans le sens de la longueur et les émincer en tranches de 1 cm d'épaisseur.

• Dans une sauteuse, mettre les oignons émincés, les gousses d'ail débarrassées de leurs germes et pressées, le gingembre, la coriandre, le cumin et le chili.

• Mouiller avec 5 cl d'eau, mélanger et faire fondre à feu moyen environ 5 min.

• Ajouter les tomates, saler, poivrer, bien mélanger et faire cuire 15 min.

• Enfin, ajouter les courgettes et faire cuire le tout pendant 25 min, toujours à feu moyen.

SEMAINE 4

Votre programme personnel

SEMAINE 4

PETIT DÉJEUNER

Le fromage

C'est la semaine des **fromages à pâte molle et croûte lavée**.

.... g (consultez les quantités recommandées selon votre taille, p. 29).

Vous pouvez choisir un fromage pour chaque matin ou un seul pour la semaine, ou encore un assortiment pour toute la semaine :
* chambertin ;
* époisses ;
* livarot ;
* maroilles ;
* munster ;
* pont-l'évêque ;
* rouy.

Le pain
.... g (consultez les quantités recommandées selon votre taille, p. 31).

Pour accueillir ces fromages très crémeux, le meilleur des pains sera le pain Poilâne.

L'huile d'olive

I cuil. à soupe d'huile d'olive (quantité valable pour tous).

De préférence naturelle, pour ne pas risquer de masquer des saveurs particulièrement délicates.

Idées recettes

Tarte au pont-l'évêque et au livarot, p. 170.

Dans ce cas, la recette constitue
à elle seule le petit déjeuner.

Les boissons

À volonté, mais sans lait, ni sucre, ni miel, ni édulcorant.
- café ;
- thé ;
- tisane ;
- eau plate ou pétillante.

Le complément alimentaire

2 gélules d'un complexe polyvitaminé (voir p. 194).

DÉJEUNER

La viande

C'est la semaine du **porc**.

Sous toutes ses formes : palette, filet mignon, échine, côtes, poitrine, jarret... À toutes les sauces, à condition de ne pas consommer plus de 2 cuil. à soupe de sauce.
.... g (consultez les quantités recommandées selon votre taille, p. 34).

Suggestions de la semaine :
À consommer à la maison ou à emporter au bureau (si vous avez accès à un four à micro-ondes)
• Côte de porc au lait, recette p. 171.
• Côte de porc au curry, recette p. 172.
• Côte de porc à la moutarde et au lait de coco, recette p. 173.
• Grillade de porc au céleri-rave, recette p. 174.
• Palette de porc aux lentilles, recette p. 175.
• Côte de porc vinaigrette aux lentilles et petits lardons, recette p. 176.
• Salade d'échine de porc au parfum de genièvre et lentilles vertes du Puy, recette p. 177.

À emporter au bureau (à consommer froid)
• Salade d'échine de porc au parfum de genièvre et lentilles vertes du Puy, recette p. 177.
• Salade composée : dés de côtes de porc, petits pois, vinaigrette à l'estragon.
• Salade composée : dés d'échine de porc, haricots blancs, vinaigrette au curry.

Au restaurant ou à la cantine
• Vous pouvez choisir parmi toutes les recettes de porc (palette, rôti, filet mignon...).
• Mais attention de ne consommer que la quantité recommandée pour votre taille. Et accompagnez votre plat du féculent recommandé pour cette troisième semaine : les féculents frais ou secs.

Les féculents

C'est la semaine des **féculents frais ou secs.**

.... cuil. à soupe (consultez les quantités recommandées selon votre taille, p. 35).

Suggestions de la semaine :
Féculents frais
- petits pois ;
- flageolets ;
- haricots blancs.

Féculents secs
- fèves ;
- lentilles ;
- pois chiches ;
- pois cassés.

Idées recettes

Pois chiches au cumin, p. 178

La boisson
3 grands verres d'eau ;
en plus, vous pouvez boire I café, I thé ou I tisane.

GOÛTER

Les quantités du goûter sont valables pour tous, quelle que soit la taille.

Juste avant le goûter
I barre de protéines ou I sachet de protéines (voir p. 194) dilué dans I verre d'eau.

Les gras végétaux

C'est la semaine des **fantaisies** de toutes sortes.

Cette semaine, on va rechercher l'inhabituel et je vous laisse les découvrir dans nos propositions ci-dessous.

Suggestions de la semaine :
* 80 g de pâte d'amande ;
* 100 g de crème de marron ;
* 1/2 avocat vinaigrette ;
* 1/2 avocat nature ;
* 2 cuil. à soupe de noix caramélisées ;
* 30 g de chocolat fondu ;
* 30 g de cacahuètes enrobées de nougatine.

Les fruits et dérivés sucrés

C'est la semaine des **fruits frais**.

Choisissez pour la semaine tous les fruits de saison, y compris les fruits importés, sauf la banane, réservée au sport.

1 petit bol chinois (soit 25 cl) de fruits frais

Suggestions de la semaine :
* fraises à la fleur d'oranger ;
* pamplemousse au miel ;
* chaud-froid de melon ;
* cocktail de fruits rouges ;
* agrumes au choix ;
* pommes, poires.

Idées recettes

Salade de fruits exotiques, p. 179

La boisson
1 grand verre d'eau.

DÎNER

Le poisson

C'est la semaine des **fruits de mer**.

Comme c'est la dernière semaine d'effort, laissez-vous aller... (sans dépasser vos quantités autorisées !) : crustacés, mollusques, coquillages...

.... g (consultez les quantités recommandées selon votre taille, p. 39).

Suggestions de la semaine :
• crevettes ;
• gambas ;
• crabe ;
• homard ;
• langouste, langoustines ;
• oursins ;
• coquillages (praire, palourde, pétoncle, moule, huître) ;
• poulpe ;
• calmar ;
• noix de Saint-Jacques.

Idées recettes

Calmars à la sauce tomate et petits radis,
p. 180
Moules marinières, p. 181
Soufflé au crabe, p. 182
Queues de langoustines aux épices, p. 183
Crevettes au cidre en omelette, p. 185

Les légumes verts

C'est la semaine des **racines**.

.... cuil. à soupe (consultez les quantités recommandées selon votre taille, p. 40).

Suggestions de la semaine :
* poêlée de radis ;
* céleri-rave au citron ;
* carottes sautées ;
* salsifis à la crème ;
* topinambours sautés.

Idées recettes

Navets glacés, p. 186

La boisson

3 grands verres d'eau.

SEMAINE 4

....

(Photocopiez cette page et inscrivez le jour de la semaine)

PETIT DÉJEUNER

• Fromage
...... g de ....
ou ...... g de la recette ....

• Pain
...... g de pain ....

• Huile d'olive
1 cuil. à soupe d'huile d'olive (nature, pimentée, aromatisée...).

• Boisson ....

• Complément alimentaire
2 gélules d'un complexe polyvitaminé (voir p. 194).

DÉJEUNER

• Viande
...... g de porc ....
ou ...... g de la recette ....

• Féculents
...... cuil. à soupe de féculent frais ou sec ....
ou ...... cuil. à soupe de la recette ....

• Boisson
3 grands verres d'eau
éventuelle boisson supplémentaire ....

GOÛTER

• **Juste avant le goûter**
1 barre de protéines ou 1 sachet de protéines (voir p. 194).

• **Gras végétal fantaisie**
....

• **Fruit**
1 petit bol chinois (soit 25 cl de fruits frais). ....

DÎNER

• **Fruits de mer**
...... g de ....
ou ...... g de la recette ....

• **Légumes verts**
...... cuil. à soupe de (légumes racines) ....
ou ...... cuil. à soupe de la recette ....

• **Boisson**
3 grands verres d'eau
éventuelle boisson supplémentaire ....

Tarte au pont-l'évêque et au livarot

N'oubliez pas d'adapter les quantités à votre cas ! (voir p. 29).
Dans ce cas, la recette couvre les besoins en fromage,
en gras (remplace l'huile d'olive) et en pain.

Préparation : 15 min – **Cuisson :** 35 min

Pour 4 personnes 25 cl de crème fraîche
250 g de pâte brisée 4 œufs
1 pont-l'évêque 30 g de beurre
1/2 livarot Sel, poivre du moulin

- Préchauffer le four à 210 °C (th. 7).
- Étaler la pâte, en garnir un moule à tarte de 25 cm de diamètre, bien beurré, piquer la pâte avec un fourchette. Réserver au réfrigérateur.
- Ôter la peau des fromages et les couper en dés de 1 cm de côté.
- Dans un saladier, casser les œufs, les fouetter avec la crème, saler et poivrer.
- Disposer les dés de fromages sur le fond de tarte puis verser le contenu du saladier et enfourner pour 35 min environ.

Bon à savoir

Cette tarte de petit déjeuner peut se déguster chaude ou tiède, on peut d'ailleurs la congeler et la réchauffer au four traditionnel (éviter le micro-ondes qui ramollirait la pâte).

Côte de porc au lait

N'oubliez pas d'adapter les quantités à votre cas ! (voir p. 34).

Préparation : 5 min – **Cuisson :** 35 min

Pour 2 personnes 4 gousses d'ail
4 côtes de porc Sel, poivre du moulin
25 cl de lait

- Dans une grande poêle antiadhésive bien chaude, saisir les côtes de porc sur les deux faces.
- Verser le lait, saler, poivrer, ajouter l'ail écrasé.
- Laisser mijoter à petit bouillon pendant 30 min. Le lait doit avoir réduit de 2/3.
- Déposer les côtes dans deux assiettes chaudes et napper de la sauce passée à la passoire fine.
- Servir avec des flageolets ou un autre féculent frais ou sec.

Petites côtes de porc au curry

N'oubliez pas d'adapter les quantités à votre cas ! (voir p. 34).

Préparation : 10 min – **Cuisson :** 20 min

Pour 2 personnes 3 cuil. à soupe de vin blanc
4 côtes de porc 1 noix de pâte de curry
1 oignon haché Sel, poivre du moulin
1 cuil. à soupe d'huile d'olive

• Dans une poêle antiadhésive, faire chauffer l'huile d'olive, y faire fondre l'oignon haché, ajouter la noix de pâte de curry. Déposer les côtes de porc, saler, poivrer.

• Saisir les côtes à feu vif des deux côtés, puis baisser le feu et laisser cuire 10 à 12 min sur chaque face.

• Dès que les côtes sont cuites, verser le contenu de la poêle dans les assiettes chaudes.

• Verser dans la poêle le vin blanc et 3 cuil. à soupe d'eau pour la déglacer et obtenir une sauce dont on arrosera généreusement les côtes.

• Servir avec des pois chiches ou un autre féculent frais ou sec.

Côte de porc à la moutarde et au lait de coco

N'oubliez pas d'adapter les quantités à votre cas ! (voir p. 34).

Préparation : 10 min – **Cuisson :** 15 à 20 min

Pour 2 personnes	4 cuil. à soupe de lait de coco
4 côtes de porc	1 cuil. à soupe de persil haché
Moutarde forte de Dijon	Sel, poivre du moulin

• Dans une poêle antiadhésive préchauffée, saisir les côtes 2 min de chaque côté, baisser le feu, tartiner de moutarde les deux faces, les saler et poivrer.

• Laisser cuire les côtes de porc 10 à 15 min en les retournant régulièrement.

• Quand elles sont cuites, ajouter le lait de coco. Mélanger et retourner rapidement les côtes car le lait de coco épaissit très rapidement à la chaleur.

• Parsemer de persil et servir accompagné de haricots blancs ou d'un autre féculent frais ou sec.

Grillade de porc au curry et au céleri-rave

N'oubliez pas d'adapter les quantités à votre cas ! (voir p. 34).

Préparation : 10 min – **Cuisson :** 15 à 20 min

Pour 2 personnes	1 cuil. à café d'huile d'olive
2 belles grillades de porc	1 cuil. à café de fond de volaille
250 g de céleri-rave	1 cuil. à café de pâte de curry
1 petit oignon	Sel, poivre du moulin

• Peler le céleri-rave à l'aide d'un couteau économe et le détailler en petits dés.

• Plonger les morceaux de céleri-rave dans une grande quantité d'eau bouillante, saler et laisser cuire 10 min. Les égoutter.

• Dans une casserole, faire chauffer l'huile d'olive puis y faire fondre l'oignon émincé très finement sans qu'il prenne couleur.

• Ajouter 10 cl d'eau bouillante, le fond de sauce et la pâte de curry. Saler et poivrer.

• Laisser mijoter le temps de la cuisson des grillades de porc.

• Ajouter les dés de céleri-rave à la viande, napper de sauce et servir avec des lentilles vertes du Puy ou un autre féculent frais ou sec.

Palette de porc aux lentilles

N'oubliez pas d'adapter les quantités à votre cas ! (voir p. 34).

Préparation : 10 min – Cuisson : 1 h 10

Pour 2 personnes	1 feuille de laurier
350 g de palette de porc désossée	1/2 cube de bouillon de bœuf
1 oignon	1 cuil. à soupe d'huile d'olive
1 gousse d'ail	2 cuil. à soupe de crème fraîche
1 brin de thym	Sel, poivre du moulin

• Éplucher la gousse d'ail. Piquer la viande avec des éclats d'ail, comme pour un gigot.

• Dans une cocotte, faire chauffer l'huile d'olive. Quand elle est chaude, faire revenir la viande des deux côtés, ajouter l'oignon émincé jusqu'à ce qu'il soit transparent.

• Pendant ce temps, diluer 1/2 cube de bouillon de bœuf dans 1/4 de litre d'eau bouillante et verser la moitié du bouillon obtenu dans la cocotte.

• Saler très légèrement car le bouillon est déjà salé, poivrer.

• Ajouter la feuille de laurier et la feuille de thym, laisser mijoter 1 h.

• À la fin de la cuisson, ajouter la crème fraîche en remuant pour bien l'incorporer à la sauce, couvrir et laisser encore cuire 2 ou 3 min à feu doux.

• Verser le tout dans un plat chaud et servir.

• Accompagner de lentilles ou de flageolets.

Côte de porc vinaigrette aux lentilles et petits lardons

N'oubliez pas d'adapter les quantités à votre cas ! (voir p. 34).

Préparation : 10 min – Cuisson : 22 min

Pour 2 personnes

4 côtes de porc
20 petits lardons
1 échalote hachée
Herbes de Provence
4 à 6 grosses cuil. à soupe de lentilles cuites
Sel, poivre du moulin

Vinaigrette

1 cuil. à soupe de vinaigre
1 cuil. à café de moutarde forte de Dijon
2 cuil. à soupe d'huile d'olive
1 cuil. à soupe d'huile de pépins de raisin
Sel, poivre du moulin

• Faire chauffer à feu vif une poêle antiadhésive, y déposer les 4 côtes et les saisir de chaque côté en les parsemant d'herbes.

• Baisser le feu, ajouter l'échalote hachée et les lardons, saler, poivrer et faire cuire à feu doux environ 10 min de chaque côté.

• Pendant ce temps, préparer la vinaigrette : dans un saladier, mettre le sel, le poivre, la moutarde, le vinaigre et bien mélanger le tout. Ajouter ensuite l'huile d'olive et l'huile de pépins de raisin.

• Dès que les côtes sont cuites, les découper en morceaux puis les placer avec les lardons dans le saladier, ajouter les lentilles. Mélanger le tout. Peut se déguster chaud ou froid.

• Les lentilles du plat constituent la garniture.

Salade d'échine de porc au parfum de genièvre et lentilles vertes du Puy

N'oubliez pas d'adapter les quantités à votre cas ! (voir p. 34).

Préparation : 15 min – **Cuisson :** 1 h

Pour 1 personne	5 lardons
170 g d'échine de porc	20 g de lentilles vertes du Puy
1 cuil. à soupe d'huile d'olive	Ciboulette ciselée
5 baies de genièvre concassées	Sel, poivre du moulin

• Dans une poêle antiadhésive, faire chauffer l'huile d'olive. Quand elle est chaude, y faire dorer la viande parsemée de baies de genièvre concassées, pendant 8 min de chaque côté à feu moyen, puis laisser cuire à feu très doux 7 à 8 min. Saler et poivrer.

• Débarrasser sur une assiette et couper en morceaux.

• Faire dorer les lardons dans la poêle puis les débarrasser sur du papier absorbant.

• Dans une casserole, mettre les lentilles et ajouter de l'eau à raison de 5 fois leur volume. Saler légèrement, couvrir et maintenir à petite ébullition pendant environ 30 min. Il vaut mieux saler avant que l'eau bout pour éviter que les lentilles aient une consistance farineuse.

• Quand le liquide est entièrement absorbé, vérifier la cuisson.

• Placer dans une boîte hermétique, ajouter les lardons et les morceaux d'échine. Arroser de vinaigrette et parsemer de ciboulette ciselée.

Pois chiches au cumin

N'oubliez pas d'adapter les quantités à votre cas ! (voir p. 35).

Préparation : 5 min – **Cuisson :** 1 h

Pour 2 personnes	
1 boîte de pois chiches (1/4)	1/2 cuil. à soupe rase de cumin en poudre
1/2 citron (jus)	1 cuil. à soupe d'huile d'olive
3 brins de persil plat	1/2 cuil. à café de sel fin
1 pointe de couteau de harissa	

• Réchauffer les pois chiches dans leur eau pendant environ 10 min à feu doux.

• Pendant ce temps, préparer l'assaisonnement : dissoudre le sel dans le jus de citron, y délayer la harissa, ajouter le cumin et l'huile d'olive.

• Rincer, sécher, et ciseler les feuilles de persil et les ajouter à la sauce.

• Égoutter les pois chiches, les assaisonner encore tièdes.

Salade de fruits exotiques

Préparation : 20 min

Pour 2 personnes	2 tranches d'ananas frais ou en boîte
2 cerises confites	1 carambole
1 mangue	2 feuilles de menthe
2 kiwis	20 cl de sirop de sucre de canne
4 litchis	

• Couper la mangue et l'ananas en dés, la carambole et les kiwis en tranches et laisser les litchis entiers.

• Mettre les fruits dans deux bols chinois, ajouter 10 cl de sirop de sucre de canne dans chaque bol.

• Décorer avec 1 feuille de menthe et 1 cerise confite.

Calamars aux tomates, à l'anis vert et au safran

N'oubliez pas d'adapter les quantités à votre cas ! (voir p. 39).

Préparation : 20 min – **Cuisson :** 55 min

Pour 2 personnes
500 g de calamars
6 tomates
1 gros oignon (ou deux)
1 gousse d'ail débarrassée de son germe
1 bouquet garni de persil, thym, laurier
1 cuil. à café de graines de fenouil

1/2 cuil. à café de graine d'anis vert
1 dose de safran
2 pointes de couteau de poivre de Cayenne
4 cuil. à soupe d'huile d'olive
Sel, poivre du moulin

• Dans une sauteuse antiadhésive, faire chauffer 2 cuil. à soupe d'huile d'olive, y jeter les calamars entiers s'ils sont petits, ou coupés en morceaux s'ils sont gros.
• Parsemer de fenouil, laisser cuire à feu moyen jusqu'à évaporation de l'eau rendue par les calamars et les réserver sur une assiette.
• Remettre dans la sauteuse les 2 cuil. à soupe d'huile d'olive restantes, y faire fondre l'oignon haché menu, ajouter la gousse d'ail écrasée.
• Quand l'oignon est transparent, ajouter les tomates pelées et coupées en petits morceaux.
• Ajouter le bouquet garni, l'anis vert et le poivre de Cayenne. Laisser cuire environ 10 min.
• Remettre les calamars dans la sauteuse, ajouter le safran, saler et poivrer.
• Couvrir et laisser mijoter 40 min à feu moyen.

Bon à savoir
Les tomates du plat constituent la garniture.
Soyez rassurés : même si en semaine 4 du Régime starter on propose des légumes racines (radis, carottes, céleri-rave...) pour le dîner, cette « infidélité » ne changera en rien l'équilibre de votre régime.

Moules marinières

N'oubliez pas d'adapter les quantités à votre cas ! (voir p. 39).

Préparation : 15 min – **Cuisson :** 10 min

Pour 2 personnes	1/2 bouquet de persil haché
2 litres de moules	2 brins de thym
20 g de beurre	2 feuilles de laurier
20 cl de vin blanc	Poivre du moulin
3 échalotes hachées finement	

• Nettoyer soigneusement les moules sous un filet d'eau courante et ne surtout pas les laisser dans l'eau, elles s'ouvriraient et perdraient leur jus.

• Tirer sur les filaments pour les éliminer et jeter les moules qui ne se referment pas quand on les cogne légèrement.

• Chauffer le beurre dans une grande casserole, y faire fondre les échalotes 2 à 3 min, ajouter la moitié du persil haché, le thym, le laurier, le vin blanc et le poivre, et porter à ébullition.

• Ajouter les moules et les faire ouvrir à feu vif en remuant pour qu'elles soient toutes soumises à la même chaleur.

• Lorsqu'elles sont ouvertes retirer les moules à l'aide d'une écumoire et les mettre dans des assiettes creuses, les parsemer du reste de persil.

Attention ! Il reste souvent du sable dans le fond de la casserole, il est conseillé de filtrer le jus à travers un linge fin posé sur une passoire avant de le verser sur les moules qu'on servira sans attendre.

Accompagnement

Ce plat se déguste seul, mais n'oubliez pas votre part de légumes racines au choix.

Soufflé au crabe

N'oubliez pas d'adapter les quantités à votre cas ! (voir p. 39).

Préparation : 20 min – **Cuisson :** 20 min

Pour 4 personnes	Pour la béchamel (1/2 litre)
200 g de chair de crabe	1/2 litre de lait
1 poivron rouge	50 g de beurre
4 œufs	25 g de farine
30 g de beurre	1 pincée de noix muscade
1 cuil. à soupe de vermouth	3 tours de moulin à poivre
Poivre de Cayenne	1/2 cuil. à café de sel
Sel	

- Préparer la béchamel : dans une casserole, faire fondre le beurre avec la farine en mélangeant bien avec une cuillère en bois pour obtenir une consistance onctueuse. Verser le lait d'un seul coup, ajouter le sel, le poivre et la muscade. Porter à ébullition sans arrêter de tourner.
- Préchauffer le four à 180 °C (th. 6).
- Éplucher le poivron rouge, ôter les pépins, couper le poivron en dés.
- Faire revenir les dés de poivrons dans 15 g de beurre durant 5 min à feu doux, puis les passer au mixeur.
- Émietter la chair de crabe.
- Casser les œufs, réserver les blancs dans un saladier et, hors du feu, incorporer les jaunes rapidement dans la béchamel chaude mais pas bouillante (sinon les œufs coaguleraient en masse).
- Ajouter le poivron mixé, le crabe émietté, le vermouth, 1 pointe de poivre de cayenne.
- Monter les blancs en neige très ferme avec 1 pincée de sel.
- Incorporer délicatement les blancs à la préparation.
- Verser dans un moule beurré. Creuser légèrement le milieu du soufflé pour qu'il lève régulièrement.
- Enfourner et faire cuire 20 min.
- Servir immédiatement car si le soufflé attend, il retombe !
- Accompagner d'une poêlée de radis ou d'un autre légume racine au choix.

Queues de langoustines aux épices

N'oubliez pas d'adapter les quantités à votre cas ! (voir p. 39).

Préparation : 15 min – **Cuisson :** 20 min

Pour 2 personnes
500 g de queues de langoustines crues
2 langoustines entières crues
1 gousse d'ail
1 bouquet garni
3 brins de thym
3 brins de persil plat
1/2 feuille de laurier
1 petite boîte de concentré de tomate
2 cuil. à soupe d'huile d'olive
4 cuil. à soupe de whisky

37,5 cl de vin blanc sec (1/2 bouteille)
1 cuil. à soupe de crème fraîche
1 morceau de sucre

Les épices
1 cuil. à café de graines de Sichuan
1 cuil. à café de curcuma
1 pincée de poivre de Cayenne
1 pointe de curry
Sel, poivre du moulin

• Dans une sauteuse antiadhésive ou un grand faitout, mettre l'huile d'olive à chauffer à feu vif et y jeter l'ail écrasé à l'aide du plat d'un couteau.

• Déposer les langoustines entières et les queues dans la sauteuse et remuer avec une cuillère en bois pendant 2 à 3 min suivant la taille des crustacés.

• Verser le vin blanc, porter à ébullition, ajouter le whisky et faire flamber.

• Dès l'arrêt des flammes, ajouter les graines de Sichuan, le morceau de sucre et verser le concentré de tomate, en remuant pour bien lier la sauce et en veillant à maintenir un petit bouillon.

• Dès que l'ensemble est homogène, retirer la sauteuse du feu, enlever les langoustines et les réserver sur une assiette.

• Ajouter ensuite à la sauce la cuillerée à café de curcuma, le bouquet garni et la pointe de curry. Saler et poivrer.

• Transvaser la sauce dans une petite casserole et la porter à léger frémissement pendant 15 min.

• Ajouter enfin la crème et rectifier éventuellement l'assaisonnement.

- Remettre les langoustines dans la sauteuse et les napper avec la sauce passée au travers d'un chinois ou d'une passoire très fine.
- Servir dans deux assiettes chaudes et prévoir deux rince-doigts !
- Accompagner ce plat de *Navets glacés* (recette p. 186).

Bon à savoir
Coupez délicatement la carapace ventrale des langoustines avec des ciseaux avant de les cuire afin de les décortiquer plus facilement quand vous les dégusterez.

Crevettes au cidre en omelette

N'oubliez pas d'adapter les quantités à votre cas ! (voir p. 39).

Préparation : 10 min – **Cuisson :** 20 min

Pour 2 personnes
300 g de crevettes grises vivantes
4 œufs
1 cuil. à soupe de crème fraîche
1 bouquet garni

2 graines de coriandre
1/2 litre de cidre
1/2 litre d'eau
Sel, poivre du moulin

- Dans une casserole, faire bouillir le cidre et l'eau, saler fortement, poivrer, ajouter la coriandre, le bouquet garni et maintenir l'ébullition pendant 10 min.
- Dans ce court-bouillon, jeter les crevettes vivantes et compter 3 ou 4 min de cuisson à partir de la reprise de l'ébullition, puis les sortir à l'aide d'une écumoire pour les égoutter, les décortiquer et les mélanger à 1 cuil. à soupe de crème fraîche.
- Battre les œufs en omelette.
- Dans une poêle antiadhésive bien chaude, verser les œufs battus et, quand l'omelette commence à prendre, disposer dessus les crevettes crémées puis rouler l'omelette pour les recouvrir.
- Servir aussitôt avec des carottes sautées ou un autre légume racine.

Navets glacés

N'oubliez pas d'adapter les quantités à votre cas ! (voir p. 40).

Préparation : 5 min – **Cuisson :** 15 à 20 min
Pour 2 personnes   25 g de beurre
200 g de navets   1/2 cuil. à café de sucre en poudre

• Faire cuire à l'eau bouillante salée les navets pendant environ 10 à 15 min selon la taille.
• Les égoutter et couper en morceaux.
• Poêler dans le beurre chaud.
• Poudrer d'1/2 cuil. à café de sucre en poudre pour les faire légèrement caraméliser.

Et maintenant, que faire ?

Le point sur le poids

Vous voici parvenus au terme de ces quatre semaines pendant lesquelles vous avez pu découvrir qu'on peut très bien mincir à toute allure...

Tout en gardant grande allure et sans perdre le plaisir de manger de façon agréable.

Il vous reste cependant à faire le point sur les résultats obtenus pendant cette période.

Mesurer sans erreur votre perte de poids sera facile, à condition toutefois de vous peser sur la même balance, au même moment et dans les mêmes conditions.

C'est-à-dire :
– le matin,
– au lever,
– en tenue d'Ève... ou d'Adam,
– le même jour que la fois précédente,
– après être passé aux toilettes,
– et avant de prendre votre petit déjeuner.

Check-list certes un peu longue, mais indispensable pour un contrôle rigoureux.

On inscrit ci-dessous la performance...

Et tant pis si elle n'est pas mirobolante, la variation des volumes sera peut-être réconfortante !

J'ai perdu en 4 semaines : .... kilos.

Les résultats

• Vous avez perdu entre 4 et 8 kilos...

C'est parfait !

Mais quel que soit votre poids restant à perdre, ne continuez surtout pas le *Régime starter* et attendez deux mois avant de le reprendre. Entre-temps vous appliquerez la *Chrono-nutrition*, que beaucoup d'entre vous connaissent déjà... et dont les autres prendront connaissance en lisant *Mincir sur mesure*.

• Vous avez perdu entre 0 et 3,9 kilos...

Peut mieux faire !

Évidemment, si vous êtes plus près du 0 que du 4, il n'y a pas de quoi pavoiser...

Cependant vous avez le droit de tenter une deuxième fois votre chance, votre résultat étant au mieux égal à celui obtenu en appliquant la *Chrono-nutrition* pendant le même temps. Laquelle peut être poursuivie sans aucun risque toute une vie, ce qui est du reste la meilleure façon de gérer sa santé en même temps que ses formes et son poids.

Mais vous avez peut-être perdu notablement du volume, ce que vous pourrez évaluer en comparant vos mensurations dans le bilan des formes, ce que nous allons voir plus loin.

• Vous avez pris des kilos au lieu d'en perdre...

Rien ne va plus !

Et même si vous pensez avoir été raisonnable, vous n'avez apparemment aucune excuse, si ce n'est celle de ne pas être en paix avec votre corps, c'est le moins qu'on puisse dire... à moins que ?

La première chose à faire dans votre cas sera de vérifier comment vous avez réellement géré votre programme.

Pour cela, une seule solution : tout reprendre à zéro et noter chaque jour, le soir avant d'aller vous coucher, tout ce que vous avez mangé et bu dans la journée.

– S'il y a de manifestes erreurs, vous êtes votre pire ennemi et il faudra vous réconcilier avec vous-même, au besoin en allant solliciter l'aide d'un sophrologue ou d'un psychothérapeute.
– Si en revanche tout semble normal, vous serez lavé de tout soupçon.
Mais, dans ce cas, il sera absolument nécessaire de faire appel à un chrono-nutritionniste. Celui-ci fera effectuer un contrôle très précis de votre métabolisme, tirera les conclusions de ses recherches et pourra vous guider efficacement dans votre démarche.

Le point sur les formes

En comparant vos mensurations avant et après le *Régime starter*, vous pourrez évaluer très précisément les modifications de votre silhouette et apprécier ainsi les progrès accomplis.
　Pour cela, il vous suffira de prendre vos mensurations en vous conformant aux indications suivantes :

Ma silhouette :

	Avant	Après	Différence
Tour de poitrine	.... cm	.... cm	.... cm
Tour de taille	.... cm	.... cm	.... cm
Tour de hanches	.... cm	.... cm	.... cm

Vous pouvez d'ores et déjà vous réjouir si vous avez perdu 4 cm au niveau de chaque paramètre, cela représente 1 taille ! Mais l'idéal est bien entendu de perdre harmonieusement du volume. Donc il vaudra mieux faire 2 cm de moins partout plutôt que 6 cm à un seul endroit, ce qui rendrait votre silhouette moins harmonieuse.
Mais rassurez-vous, cela ne devrait pas vous arriver si vous avez suivi sagement mes recommandations... ce dont je ne doute pas !
　Vous retrouverez dans *Mincir en beauté* des indications pour interpréter vos résultats et la manière de mesurer et de gérer votre silhouette.

Comment gérer l'avenir

En utilisant deux techniques complémentaires : la *Chrono-nutrition* et la *Morpho-nutrition*, rassemblées en une seule : la Chrono-morpho-nutrition.

– La *Chrono-nutrition*, pour continuer à maîtriser votre poids et votre silhouette, en suivant les règles d'une alimentation parfaitement équilibrée. Vous en avez eu les grandes lignes dans cet ouvrage et vous entrerez dans les détails dans *Mincir sur mesure grâce à la Chrono-nutrition*. La *Chrono-nutrition* vous laissera beaucoup plus de latitude dans le choix de vos aliments, sous réserve de respecter la chronologie de leur consommation et de moduler les quantités en fonction de votre taille mais aussi de vos activités quotidiennes. En revanche, l'âge et le sexe ne devront surtout pas être des facteurs de modification quantitatives, pas plus que le poids à perdre... ou à reprendre !
Il s'agira en fait de garder les principes fondamentaux de la chronobiologie nutritionnelle, pour votre alimentation quotidienne, afin de garder ou de continuer à retrouver votre équilibre de poids et de volume sans risquer de vous lasser.

– La *Morpho-nutrition*, pour vous aider à contrôler l'évolution de vos formes par la vérification régulière de vos mensurations. Grâce à *Mincir en beauté là où vous voulez*, vous saurez définir votre morphotype « idéal », et ainsi le comparer avec votre morphotype « mesuré ». Vous pourrez ainsi connaître vos erreurs en termes de nutrition et les corriger.
Je vous rappelle que le morphotype fait intervenir deux paramètres : votre hauteur et la largeur de votre poignet. C'est à partir de ces mesures que vous calculerez les valeurs idéales de votre tour de poitrine, votre tour de taille et votre tour de hanches. Vous disposerez ainsi d'un outil spécifique qui mettra en évidence les écarts éventuels par rapport à cette silhouette « idéale ». Cet outil vous permettra de vérifier l'existence d'excès ou de carences et jugera avec objectivité si vous êtes trop ronde, trop maigre ou... parfaite. Vous pourrez ainsi modifier sans risque votre alimentation si cela s'avère nécessaire.

Index des recettes

Où trouver les compléments nutritionnels

Le complexe polyvitaminé

Il s'agit d'un complément nutritionnel comportant des vitamines liposolubles, des vitamines hydrosolubles et des oligo-éléments en justes proportions.

- 2 gélules **Chrono-Vita+** tous les matins.

L'extrait de griffonia

Le *griffonia simplificifolia* est une plante africaine qui agit directement sur le taux de sérotonine, une substance qui règle l'humeur et détend les muscles.

En cas de forte activité physique :

- 1 gélule **Chrono-griffo+** au petit déjeuner ;
- 1 gélule **Chrono-griffo+** au déjeuner ;
- 1 gélule **Chrono-griffo+** au goûter (ou au dîner).

Les protéines

Choisir des barres et sachets protéinés riches en tryptophane, un acide aminé essentiel, précurseur de la sérotonine, qui régule la satiété, l'humeur et le sommeil.

- 1 **Chrono-barre hyperprotéinée** ou 1 **Chrono-sachet hyperprotéiné** tous les jours juste avant le goûter, quelle qu'en soit l'heure.

Le complexe polyvitaminé, l'extrait de griffonia et les protéines sont en vente sur le site : www.biochrono.net et peuvent également se trouver en pharmacie.

IREN'S
INSTITUT DE RECHERCHE EUROPÉEN
SUR LA NUTRITION ET LA SANTÉ

L'origine de l'IREN'S

L'institut est le résultat d'une complémentarité entre six personnes dont le trait de caractère commun est **l'esprit de recherche** et le trait d'union intellectuel **la nutrition**, chacune traçant sa voie dans une direction précise, mais les unes et les autres échangeant régulièrement entre elles les résultats de leurs découvertes et de leurs conclusions.

C'est ainsi que le professeur Rapin, chercheur en pharmacologie, permet en 1994 au docteur Delabos, médecin nutritionniste, de valider scientifiquement son expérience clinique de la *Rééducation alimentaire naturelle*.

C'est également grâce au professeur Rapin que le docteur Curtay, nutrithérapeute, les rejoint, ainsi que le docteur Jamot, expert en gérontologie.

Amicalement sollicité, le docteur Simonin, épidémiologiste, accepte de s'impliquer dans la voie de recherches communes, et le docteur Tapiero, nutritionniste associé depuis deux ans au docteur Delabos, vient compléter l'équipe en apportant son expérience de la communication.

Ainsi sera créé l'IREN en 1996.

Le temps passe et l'IREN se renouvelle et s'agrandit, pour devenir en 2009 l'**IREN'S, Institut de Recherche Européen sur la Nutrition et la Santé**, accueillant dans ses rangs de nouveaux chercheurs, d'autres se retirant pour profiter d'une retraite bien méritée, ou trop occupés par leur secteur personnel d'activité.

Des premiers membres fondateurs il reste la vieille garde :
– **Docteur Robert Caduc,** président,
– **Docteur Alain Delabos,** trésorier, directeur des recherches cliniques,
– **Docteur Jean-Claude Jamot,** directeur des recherches en gérontologie.

À laquelle viennent s'ajouter :
– **Docteur Jean-Pierre Campagne,** directeur des recherches en micro-nutrition,
– **Docteur Sébastien Delabos,** secrétaire,
– **Docteur Claude Munini,** vice-présidente.

L'institut a pour objet :

– L'étude expérimentale des aliments et de leurs effets thérapeutiques ou nocifs sur l'être humain.

– L'exploration des désordres biologiques créés par des carences, des excès ou des déviations alimentaires.

– Les études de recherches cliniques permettant le dépistage et la caractérisation des facteurs de risque liés aux anomalies nutritionnelles.

– Les études et les enquêtes épidémiologiques des problèmes de la nutrition sous leurs aspects psychologiques et thérapeutiques.

– La recherche et l'étude de la somatisation sur les comportements alimentaires.

– La recherche sur les médicaments susceptibles de contribuer à la maîtrise et à la correction des anomalies d'origine organique ou psychosomatique.

– La validation des protocoles d'examens cliniques qui permettent de pouvoir évaluer la nature et l'évolution des anomalies morphologiques.

Adresse de l'IREN'S en France :

3, rue de la Pie, 76000 Rouen
Téléphone (centralisé) : 02 35 73 09 23

Table des matières

200

Composition IGS
Impression : Imprimerie Floch, septembre 2012
Éditions Albin Michel
22, rue Huyghens, 75014 Paris
www.albin-michel.fr
ISBN : 978-2-226-16892-4
N° d'édition : 17026/17. – N° d'impression : 83279
Dépôt légal : mars 2006
Imprimé en France